W0233186

Simone Stefka
Glutenfrei backen

Simone Stefka

Glutenfrei backen

Brot, Kuchen und Gebäck bei Zöliakie

Rezepte ohne Fertigmischungen

Danksagung

Manche Anregungen, zahlreiche Hinweise, kritische Einwände und viele Verbesserungsvorschläge stammen von meinen Freunden und Mitstreitern aus den Gesprächsgruppen der *Deutschen Zöliakie-Gesellschaft e. V.*, denen an dieser Stelle herzlich gedankt sei.

Gewidmet ist dieses Buch meiner Großmutter, denn sie ist ganz wesentlich und wahrscheinlich mehr, als ihr vielleicht bewusst sein dürfte, am Zustandekommen dieses Buches beteiligt gewesen. Sie hat mir mit Rat und Tat zur Seite gestanden und mich an ihrem Wissen und Erfahrungsschatz teilhaben lassen, so dass die traditionellen Rezepte meiner Familie jetzt auch glutenfrei ein Genuss sind.

Wichtiger Hinweis:

Alle in diesem Buch enthaltenen Ratschläge und Rezepte sind sorgfältig geprüft. Dennoch muss jegliche Haftung seitens der Autorin oder des Verlags für Sach- und Personenschäden ausgeschlossen werden.

Die Informationen in diesem Buch können die Diagnose und Behandlung durch Ärzte oder Heilpraktiker nicht ersetzen. Bei ernsten Erkrankungen und Beschwerden sollte immer individueller fachlicher Rat eingeholt werden.

Inhalt

Glutenfrei leben

Zöliakie ist eine chronische Darmerkrankung, bei der die Oberfläche und die Struktur der Dünndarmschleimhaut durch das Getreideeiweiß Gluten zerstört werden. Die Folge ist eine sehr gestörte Verdauung mit erheblicher Einschränkung der Lebensqualität und unzureichender Versorgung mit lebensnotwendigen Nährstoffen, Vitaminen und Mineralstoffen. Meist tritt Zöliakie schon im Kindesalter auf. Aber auch Erwachsene jeden Alters können sie noch entwickeln, dann bezeichnet man die Erkrankung als Sprue. Die Unverträglichkeit besteht ein Leben lang, daher ist eine dauerhaft glutenfreie Ernährung unvermeidbar.

Übrigens: Weil die Zutaten für alle Rezepte in diesem Buch gluten- und damit weizenfrei sind, ist das Buch auch für das Backen bei einer **Weizenallergie** bestens geeignet!

Glutenhaltig: meiden!
- Glutenhaltige Getreide: Weizen, Roggen, Gerste, Hafer, Grünkern, Dinkel, Kamut, Einkorn, Emmer, Tritikale
- Alle Produkte, die diese glutenhaltigen Getreide enthalten:
  - ☐ Mehl, Grieß, Graupen, Flocken, Kleie, Bulgur, Couscous
  - ☐ Backwaren (Brot, Brötchen, Knäckebrot, Zwieback, Kuchen, Kekse, Strudel ...)
  - ☐ Nudeln
  - ☐ Pizza und Pizza- und Blätterteig
  - ☐ Frühstückscerealien
  - ☐ Körnerdesserts, Müslijoghurt
  - ☐ Seitan (vegetarischer Fleischersatz aus Weizengluten)
  - ☐ Dessertpulver, die Mehl enthalten
  - ☐ Süßwaren wie Schokoküsse, Getreidemüsliriegel, gefüllte Schokoartikel
  - ☐ Paniermehl, panierte Fleisch- und Fischwaren (Fischstäbchen)
  - ☐ Fertiggerichte mit gebundener Sauce, Fertigteigwaren, Fertigkartoffelprodukte wie Gnocchi oder Schupfnudeln
  - ☐ Getreidekaffee (Malzkaffee), Getreidedrinks, Bier

Beispiele für sicher glutenfreie Lebensmittel
(sofern sie unverarbeitet sind und keine weiteren Zusätze enthalten):
- Reis, Mais, Buchweizen, Hirse, Quinoa, Amarant, Kartoffeln
- Hülsenfrüchte
- Gemüse und Obst (frisch, Konserven und Tiefkühlkost ohne Zusätze)
- Marmelade, Konfitüre, Gelee
- Nüsse, Mandeln, Sesam, Leinsamen, Sonnenblumenkerne, Mohn
- naturbelassene Milch und Milchprodukte wie Joghurt, Quark, Dickmilch, Käse und Butter
- Öle und Pflanzenfette (außer Weizenkeimöl)
- Eier
- reiner Fruchtsaft
- Mineralwasser
- Bohnenkaffee und nicht aromatisierter Tee
- Wein

Essen ist viel mehr als reine Nahrungszufuhr. Es gehört zu den Kernbestandteilen des sozialen Lebens: Gemeinsam einkaufen, kochen und essen sind nicht nur wichtige Bestandteile alltäglichen Familienlebens, sondern natürlich auch Dreh- und Angelpunkte sämtlicher Feiern. Wer sich »anders«, in diesem Fall also glutenfrei ernähren muss, ist in solchen Situationen gnadenlos ausgegrenzt – diese unangenehme Erfahrung macht jeder Betroffene.

So schön es auch ist, zu wissen, dass man jetzt gesund lebt und sich mit dem Verzicht auf Glutenhaltiges etwas wirklich Gutes tut – anderen beim unbeschwerten Genuss zuzusehen, macht keinen Spaß.

Nach der Diagnose Zöliakie machen viele Betroffene die Erfahrung, dass ihr Arzt ihnen die glutenfreie Diät mit einem Verzicht auf Brot und Nudeln beschreibt. Sie verlassen die Praxis voller Optimismus im Glauben, mit dem Verzicht auf einige wenige Nahrungsmittel ihre gesundheitlichen Probleme lösen zu können. Leider stellen sie dann innerhalb kürzester Zeit fest, dass es sich bei Aussagen dieser Art um äußerst vereinfachende Darstellungen der Problematik handelt.

Bei der Lektüre von Informationsmaterial zur Krankheit Zöliakie und ihrer Therapie, kommt meist der Schock: Was kann ich noch essen? Zum Frühstück nur noch Reiswaffeln? Den Nachmittagskaffee besser gleich ganz verschlafen? Den Lieblingskuchen nie wieder schmecken? Man droht im Selbstmitleid zu ertrinken.

Innerhalb kürzester Zeit hat man alle glutenfreien Mehlmischungen und Fertigprodukte wie Kuchen und Kekse probiert. Mit der Suche nach neuen Geschmacksrichtungen beginnt das Experimentieren mit verschiedenen glutenfreien Mehlen, um sowohl alte Lieblingskuchen als auch neue Kreationen zu backen. Die Ergebnisse des Selbstbackens ohne Fertigmischungen sind durchaus ermutigend und teilweise eine große geschmackliche Verbesserung gegenüber den im Handel erhältlichen Produkten.

Ein weiterer Anreiz für regelmäßige Backtage ist die Preisdifferenz zwischen den zum Selbstbacken ohne Fertigmischungen benötigten Rohstoffen und den fertigen Mehlmischungen. Zweifelsohne ist es zwar bequemer, den Inhalt einer Papiertüte mit einer bestimmten Menge Wasser in den Brotbackautomaten zu schütten und nur noch Fett und Hefe hinzuzufügen. Auf Dauer ist diese Vorgehensweise jedoch einfach zu teuer. Da hilft es nur, Brot und Kuchen ohne Fertigmischungen selbst zu backen.

Bislang scheint es nicht möglich zu sein, zu Hause glutenfreie Backwaren zu produzieren, die eine Konsistenz wie professionelle, industriell hergestellte Bäckerware haben. Dies liegt jedoch nicht am handwerklichen Unvermögen der privaten Bäckerinnen und Bäcker, sondern daran, dass die meisten Berufsbäcker eine Vielzahl von Zusatzstoffen verwenden, um ihren Backwaren die offenbar gewünschten Eigenschaften zu geben. Im Bäckereibedarf werden Stabilisatoren, Emulgatoren, Enzyme, Teigführungsmittel und viele andere Substanzen angeboten, die die Ansprüche der verwöhnten Kundschaft befriedigen helfen. Diese Hilfsstoffe sind für Privatpersonen nicht nur schwierig zu beschaffen, sondern überwiegend auch ungeeignet, weil sie auf der Basis von Weizenstärke produziert werden.

Trotzdem findet sich mit ein bisschen Kreativität für fast jedes Backproblem eine Lösung, wenn man sich auf dem globalen Lebensmittelmarkt ein wenig umschaut. Die besten Ideen haben häufig Lebensmittelhändler, die auf den Vertrieb exotischer Produkte spezialisiert sind. Fragen Sie nach und profitieren Sie von der Erfahrung, die Ihnen dort zur Verfügung gestellt wird. Ihr kulinarischer Horizont hinsichtlich glutenfreier Mehle und anderer Produkte, die sich hervorragend zum glutenfreien Backen eignen, wird sich so ständig erweitern, von Einschränkung und Verzicht keine Spur. Es ist übrigens auch sehr viel angenehmer, die Frage »Und was isst Du da

Schönes?« mit interessanten, exotischen Zutaten beantworten zu können als mit dem üblichen »Maisbrot«.

Im Vordergrund dieses Backbuches steht der glutenfreie Alltag – so finden sich hier ausschließlich vielfach erprobte Rezepte, die immer gelingen und auch für Backanfänger leicht umsetzbar sind.

Auch wenn das eine oder andere Rezept ungewöhnlich auf Sie wirkt, seien Sie mutig und versuchen Sie es einfach mal. Sie werden feststellen, dass Geschmack keine Grenzen kennt. Wahrscheinlich werden Sie durch manches Gebäck den Mut finden, selbst etwas auszuprobieren.

Backen ohne Klebereiweiß

Gluten

Als Gluten werden verschiedene Proteine bezeichnet, die in den Getreidearten Weizen, Roggen, Hafer und Gerste enthalten sind. Dinkel, Grünkern, Kamut, Einkorn, Tritikale, Emmer und Urkorn zählen zu den Weizenarten und enthalten deshalb ebenfalls Gluten. Die Struktur des Glutenmoleküls unterscheidet sich je nach Getreideart, deshalb wird das Protein jeweils unterschiedlich bezeichnet. Gluten ist nicht wasserlöslich, bei Zugabe von Wasser verbinden sich aber die einzelnen Glutenmoleküle miteinander und formen ein dichtes, elastisches Netz. Gluten macht Getreide backfähig, ein glutenhaltiger Teig ist elastisch und hält die durch Hefe, Backpulver und andere Teiglockerungsmittel entstehenden Gase zurück, die im Teig vorhandenen Luftbläschen vergrößern sich, der Teig geht auf. Beim anschließenden Backen entstehen eine porige, elastische Krume und eine knusprige Kruste. Deshalb bezeichnet man Gluten auch als Klebereiweiß. Wegen seiner günstigen Eigenschaften ist es ein in der Lebensmittelindustrie gebräuchliches Backmittel für Brot, Toastbrot oder Kleingebäck.

In China kennt man Gluten übrigens bereits seit vielen Jahrhunderten, man nennt es in Anlehnung an seine überaus positiven Backeigenschaften »Muskel des Mehls«. Isoliertes Gluten ist in Ostasien schon lange eine Grundlage verschiedener Spezialitäten, hierzulande kennt man beispielsweise Seitan.

In Europa wurde die Substanz das erste Mal von Francesco Maria Grimaldi beschrieben: In einer Abhandlung, die im Jahre 1665 erschien, merkte der Jesuit an, dass der Hartweizenteig für Pasta eine klebrige Substanz enthält, die nach dem Trocknen hart und brüchig wird. Er nannte seine Entdeckung Gluten nach dem lateinischen Wort für Klebstoff. Fast ein Jahrhundert später befasste sich Giambattista Beccari intensiver mit Gluten und beschrieb, dass die Substanz Ähnlichkeit mit Fleisch hat. Heute weiß man, dass Fleisch und Getreide verschiedene Eiweiße enthalten, die für die jeweiligen charakteristischen Eigenschaften verantwortlich sind.

Stärke

Neben dem Protein spielt die Stärke beim Backen eine große Rolle: Der Proteingehalt von Getreide schwankt je nach Getreideart sehr stark, bei den meisten Getreidearten aber ist der Anteil der Stärke um ein Vielfaches höher als der Proteinanteil. Die Stärkekörnchen erfüllen mehrere Funktionen bei der Entstehung eines Teiges. Sie binden bereits beim Kneten einen Teil der zugesetzten Flüssigkeit an ihrer Oberfläche und füllen so die Löcher des Glutennetzes. Durch das Erhitzen des Teiges wird auch das restliche, noch ungebundene Wasser von der Stärke aufgenommen und wie in einem Schwamm festgehalten. Die Stärke verhindert, dass sich die Luftbläschen im Teig durch die Hitzewirkung bis zum Bersten ausdehnen und der Teig anschließend zusammenfällt. Die Stärke verleiht den Trennwänden zwischen den Gasbläschen Festigkeit. Wenn sich einzelne Bläschen durch die Hitze so weit vergrößern, dass die dünnen Trennwände reißen und größere Hohlräume entstehen, formt sich ein Labyrinth aus zusammenhängenden Hohlräumen und Struktur gebenden Trennwänden, das auch nach dem Backen und Abkühlen nicht zusammenfällt – die Stärke trägt ihren Namen also völlig zu Recht!

Der glutenhaltige Teig

Der einfachste glutenhaltige Teig besteht im Wesentlichen aus Mehl und Wasser. Die Mehlbestandteile Protein (Gluten) und Stärke verleihen einem Teig zusammen mit Wasser seine einzigartige Textur. Aus der Verbindung dieser drei Komponenten wird eine seidige, elastische Masse, die sich zu zahllosen Lebensmitteln weiterverarbeiten lässt: Brot- und Kuchenteige bekommen ihre typische Struktur durch die hauchdünnen Trennwände aus Stärke und Protein zwischen den im Gebäck gehaltenen Luftbläschen. Sehr fetthaltige Teige wie Plunder- oder Blätterteig sind weniger porös und elastisch, weil sich Fettschichten in die Struktur einbetten und den Zusammenhalt der Trennwände und die Verbindung der einzelnen Zutaten schwächen.

Der glutenfreie Teig

Auch ein glutenfreier Teig besteht aus Mehl und Flüssigkeit. Weil das Mehl in diesem Fall jedoch kein Gluten, sondern andere Proteine enthält, müssen weitere Zutaten die Struktur gebenden Funktionen des Glutens überneh-men. Das können pflanzliche Bindemittel oder Eier sein.

Folgende Pflanzen liefern Mehl oder Stärke zum glutenfreien Backen: Mais, Reis, Hirse, Amarant, Quinoa, Buchweizen, Kartoffel, Maniok oder Kastanie. Besonders proteinreich und ebenfalls für glutenfreie Mehlmischungen ge-eignet sind Mehle aus Sojabohnen, Kichererbsen und Hanfsamen.

Für die Herstellung eines glutenfreien Brotteigs wird abhängig von Mehl- und Stärkemischung und weiteren Zutaten etwa die Hälfte bis zwei Drittel des Mehlgewichts an Wasser benötigt. Die Menge des benötigten Wassers schwankt so stark, weil die Fähigkeit glutenfreien Mehls und glu-tenfreier Stärke, Wasser zu binden, je nach Mehl- und Stärkeart sehr un-terschiedlich ist. Das Mischen der Mehle und Stärkearten mit Wasser fällt zunächst schwer, es dauert eine Weile und braucht viel Kraft, bis ein glatter Teig entstanden ist. Einen kleinen Überblick über die Eigenschaften der ein-zelnen Mehle gibt es im Kapitel »Alternativen zum üblichen Brot- und Ku-chenmehl« ab Seite 20. Um das Gluten zu ersetzen, benötigen insbesondere Teige, die keine Eier enthalten, unbedingt zusätzliche Bindemittel. Übliche Bindemittel beim glutenfreien Backen sind Johannisbrotkernmehl, Guar-kernmehl und Pfeilwurzelstärke. Keine dieser Substanzen hat die gleichen Eigenschaften wie Gluten – aber im richtigen Mischungsverhältnis mit anderen Zutaten ist es trotzdem möglich, schmackhafte Hefebrote, Hefe-gebäcke und andere Backwaren herzustellen.

Wenn die Mehl- und Stärkemischung richtig zusammengestellt ist und die nötigen Bindemittel enthält, wird der Teig durch Zugabe von Hefe oder Backpulver zum Leben erweckt.

Was passiert beim Backen?

Backt man Brot im Backofen, muss der Backofen zum Brotbacken un-bedingt vorgeheizt werden: Wird der Teig in den heißen Innenraum ge-schoben, kann so bereits in den ersten Minuten Feuchtigkeit aus dem Teig verdampfen. Der Innenraum des Ofens füllt sich mit Dampf. Dadurch überträgt sich die Hitze besser auf den Teig und es bildet sich eine schö-ne braune Kruste. Ohne Dampf ist die Wärmeleitung viel schlechter, die Oberfläche des Teiges benötigt viermal länger bis zum Beginn des Backvor-gangs und trocknet stark aus.

Die Heizschlangen der modernen Elektroöfen sind meist in der oberen Wand des Innenraums angebracht – um die erforderlichen Backtemperaturen im gesamten Ofen zu erreichen, müssen sie rotglühend auf ein Mehrfaches der benötigten Temperatur erhitzt werden. Weil sich die Heizschlangen damit auch oberhalb des eingeschobenen Brotes befinden, ist es wichtig, das Brot auf einer der unteren Schienen im Ofen zu platzieren, weil die Kruste sonst mit Sicherheit zu dunkel und trocken wird. Das gilt vor allem beim Backen mit Ober- und Unterhitze ohne Umluft. Wird zusätzlich zur Ober- und Unterhitze die Umluftfunktion eingestellt, kann man die Backtemperatur etwa 25 bis 30 °C niedriger wählen. Backen mit Umluft eignet sich jedoch nicht für jede Art Gebäck.

Unter dem Gesichtspunkt der Wärmezufuhr ist die Anordnung der Heizschlangen im Backautomaten ideal – sie heizen den Teig von unten auf und ermöglichen dadurch ein optimales Aufgehen des Brotes, ohne die Kruste durch starke Hitze von oben zu verbrennen.

Wenn das Brot in den Ofen geschoben wird, dringt die Hitze in den Teig ein: Je besser der Teig gegangen ist, je mehr Gasbläschen also im Teig eingeschlossen sind, desto schneller kann sich die Hitze darin ausbreiten. Die Hefepilze produzieren durch die Wärmewirkung nochmals riesige Mengen Kohlendioxid. Der Teig wird dabei zunächst flüssiger und die Gasbläschen vergrößern sich. Dadurch nimmt das Volumen des Teiges etwa um die Hälfte zu. Dieser Prozess, der übrigens als »Ofensprung« bezeichnet wird, läuft während der ersten fünf bis zehn Minuten des Backvorgangs ab. Der Vorgang ist beendet, wenn die Hefepilze durch die steigenden Temperaturen abgetötet werden und die Kruste des Brotes so stark gebacken ist, dass sie nicht mehr nachgibt.

Wenn das Innere des Teiges eine Temperatur von 70 bis 80 °C erreicht hat, haben sich alle Proteinbestandteile miteinander verbunden und die Stärke hat so viel Wasser aufgenommen, dass sie in der Wärme verkleistert.

Woran erkennt man, ob das Brot durchgebacken ist?
Der Garzustand eines Brotes lässt sich leicht ermitteln, indem man auf die Unterseite des Brotes klopft: Klingt es hohl, haben sich die Strukturen verfestigt und die Trennwände sind eingerissen – dann ist das Brot fertig.

Dadurch verfestigen sich die Trennwände der Gasbläschen und reißen bei weiterer Ausdehnung teilweise auf, so dass die im Teig enthaltene Feuchtigkeit ungehindert als Wasserdampf durch das Brot strömen kann. Das Innere des Brotes hat sich jetzt zur sogenannten Krume gesetzt – das ist der Fachbegriff, den Bäcker dafür verwenden.

Auch nach Erreichen dieses Zustandes laufen noch weitere wichtige Prozesse im Brot ab. Die Verkleisterung der Stärke nimmt zu und die Kruste und die Seiten des Brotes bräunen. In der Kruste bilden sich Geschmacksstoffe, die den gesamten Brotlaib durchdringen.

 Warum ist es so wichtig, fertig gebackenes Brot sofort aus der Form zu stürzen und auf einem Kuchenrost abkühlen zu lassen?

Unmittelbar nach dem Backvorgang ist die Feuchtigkeit im Brot sehr ungleich verteilt: Die Kruste ist sehr stark ausgetrocknet, während das Innere noch fast so viel Feuchtigkeit wie der rohe Teig enthält, etwa vierzig Prozent. Tatsächlich verliert das Brot erst jetzt, während des Auskühlens, etwa zehn bis zwanzig Prozent seines Eigengewichts an Wasser. Das Feuchtigkeitsverhältnis von Kruste zu Krume gleicht sich aus. Ein kleines Brötchen hat im Verhältnis zu seinem Gesamtgewicht eine größere Oberfläche als ein großes Brot, deshalb verliert der große Laib Brot im Verhältnis weniger Feuchtigkeit als das kleine Brötchen.

Brotbackautomaten signalisieren mit einem Signalton, wenn der Backvorgang abgeschlossen ist. Dann sollte das Brot sofort aus der Form gestürzt und der oder die Knethaken aus der Unterseite des Brotes entfernt werden. Die meisten Geräte verschaffen ihren Benutzern ein zusätzliches Zeitpolster, indem sie das fertige Brot noch einige Zeit warm halten. Wenn das Brot innerhalb dieser Phase entnommen wird und auskühlen kann, entwickelt es noch eine knusprige Kruste. Wenn das Brot nach dem Backen in der Form des Brotbackautomaten oder in der Backform bleibt, wird es matschig und lässt sich kaum schneiden. Durch die verbliebene Feuchtigkeit ist auch die Haltbarkeit stark herabgesetzt. In solch einem Fall wird man wohl noch einmal von vorn beginnen müssen ...

Ganz wichtig: Eier

Zum Kuchenbacken gehören außer Mehl meist auch Eier, Zucker und Fett. Bei der Teigzubereitung kommt es darauf an, diese Zutaten so zu verarbeiten, dass sie sich miteinander verbinden und dem fertigen Gebäck die gewünschten Eigenschaften verleihen.

Eier sind eine äußerst wichtige Zutat in der glutenfreien Backstube: Das Eigelb enthält natürlicherweise einen Emulgator, das Lecithin, der für eine bessere Bindung der einzelnen Zutaten sorgt. Außerdem gibt Eigelb dem Teig eine appetitliche Färbung. Leider geraten Backwaren mit einem zu hohen Anteil an Eigelb leicht zu krümelig. Eiweiß gibt dem Teig mehr Festigkeit. Wenn man Eiweiß zu Eischnee schlägt, lässt sich ein besonders zarter und lockerer Teig produzieren. Durch das Aufschlagen des Eiweißes bilden sich stabile luftgefüllte Bläschen. Hebt man diesen voluminösen Schaum dann vorsichtig und ganz zum Schluss unter einen Teig, bleiben die Luftbläschen erhalten und vergrößern sich durch die Hitze beim Backen. Auf diese Weise erhält das fertige Gebäck seine lockere und feinporige Krume.

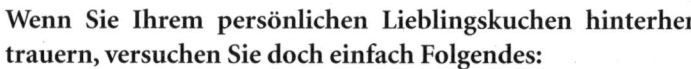

Wenn Sie Ihrem persönlichen Lieblingskuchen hinterher trauern, versuchen Sie doch einfach Folgendes:

■ Verwenden Sie Ihr altes Rezept und ersetzen Sie bei **Rühr- und Mürbeteigen** die Mehlmenge durch eine Mischung aus zwei Teilen Maisstärke, zwei Teilen Kartoffelstärke und einem Teil Maismehl (für 500 Gramm Mehl nehmen Sie also 200 Gramm Maisstärke, 200 Gramm Kartoffelstärke und 100 Gramm Maismehl) und es kann fast nichts mehr schief gehen. Wenn Sie dann noch ein Ei mehr verwenden, als im normalen Rezept angegeben, ist das quasi die Gelinggarantie.

■ Bei **Hefeteigen** greifen Sie auf eines der Rezepte in diesem Buch für süßen Hefeteig wie Berliner oder Mohnstuten zurück und verfahren dann weiter wie gewohnt.

Zucker

Neben dem weißen Haushaltszucker, der hierzulande meist aus Zuckerrüben gewonnen wird, gibt es auch Rohrzucker, meist als Roh-Rohrzucker mit unterschiedlichem Melassegehalt oder Vollrohrzucker. Im Naturkosthandel wird auch Puderzucker auf der Basis von Roh-Rohrzucker angeboten.

In den Rezepten ist meistens nur Zucker angegeben. Entscheiden Sie sich für die Art von Süße, die Ihrem Geschmack am besten entspricht und die für Sie am verträglichsten ist.

 Es klappt nicht: Mürbeteig

Der Teig lässt sich nicht ausrollen und reißt ein:
Der Teig muss noch einmal für mindestens eine Stunde in den Kühlschrank. Mürbeteig enthält in der Regel recht viel Fett, weshalb er gut gekühlt werden muss, damit er beim Formen nicht bricht. Wenn der Teig zu weich ist, lässt er sich nur schwer formen. Ein Tipp: Verwenden Sie bei der Zubereitung eines Mürbeteiges möglichst keine Margarine (oder nur sehr gut gekühlte Margarine), sondern Butter: Margarine ist zu weich!
Der Teig haftet am Nudelholz und klebt:
Teig haftet nicht am Nudelholz, wenn man das Nudelholz mit Reis- oder Maismehl einstäubt oder dünn mit Öl bepinselt. Achtung: Ein Zuviel an Mehl tut einem Mürbeteig nicht gut, es beeinträchtigt den zarten, mürben Geschmack des fertigen Gebäcks. Um auf Nummer sicher zu gehen, kann man den Teig auch zwischen zwei Lagen Frischhaltefolie oder in einem aufgeschnittenen Gefrierbeutel ausrollen – so klebt garantiert nichts an. Dieses Vorgehen bietet sich übrigens auch an, wenn man mit Küchenutensilien hantiert, die nicht ausschließlich für glutenfreie Backwaren benutzt werden.
Der Mürbeteig ist krümelig:
Krümeligem Mürbeteig fehlt es an Feuchtigkeit, also einfach ein bis zwei Esslöffel kaltes Wasser unterkneten.

Es klappt nicht: Hefeteig

Das Brot fällt beim Abkühlen zusammen, die Oberfläche wölbt sich nach innen, nicht nach oben:
Der Teig ist zu lange gegangen oder der Teig war zu feucht. Die Hefe hat so große Blasen im Teig produziert, dass die Struktur instabil geworden ist – das passiert bei glutenfreien Teigen sehr leicht. Der Teig darf nur so lange gehen, bis sich sein Volumen verdoppelt hat. Spätestens dann muss er gebacken werden.
Das Brot ist zu hart und fest:
Die Hefe hat den Teig nicht gelockert. Wird es der Hefe zu heiß, stirbt sie ab – das ist bereits bei Temperaturen ab 50 °C der Fall. Bei glutenfreien Teigen sollte man übrigens immer etwa 20 Prozent mehr Hefe zugeben als bei glutenhaltigen Teigen, also ein Päckchen Trockenbackhefe auf 400 Gramm glutenfreie Mehle. Durch den hohen Stärkeanteil sind glutenfreie Teige schwerer und zäher als glutenhaltige Teige – die Hefe muss einfach mehr »stemmen«.

Einkauf glutenfreier Backzutaten

Sehr wichtig: Bitte wählen Sie Ihre Backzutaten immer anhand der aktuellsten Lebensmittellisten der *Deutschen Zöliakie-Gesellschaft e. V. (DZG)*, der *Österreichischen Arbeitsgemeinschaft Zöliakie* oder der *Schweizerischen Interessengemeinschaft Zöliakie* aus und überprüfen Sie außerdem die Zutatenlisten auf den Verkaufsverpackungen. Eine Aufstellung besonders problematischer Lebensmittel finden Sie auch auf der Internetseite der DZG.

Achtung: In diesen üblichen Backzutaten kann Gluten enthalten sein!
Bitte wählen Sie Ihre Backzutaten immer anhand der aktuellen Lebens-
mittellisten für glutenfreie Ernährung!

- Backpulver, Hirschhornsalz, Trockenbackhefe, Hefe auf Weizenbasis
- Kuvertüre, Schokolade, Glasuren
- Tortenguss, Sahnefestiger
- Vanillezucker, Zitrusschalen- und andere Aromen
- Fruchtsaucen, Fruchtzubereitungen, Trockenobst (bemehlte Förderbänder!), Obstkonserven mit Konservierungsstoffen oder anderen Zusätzen

Vorrat: Es ist empfehlenswert, sich einen Vorrat an glutenfreien Mehlen und Stärken wie Maisstärke, Kartoffelstärke, Maismehl, Reis- oder Klebreismehl und Tapioka für das Backen anzuschaffen. Diese Produkte sind in jedem gut sortierten Lebensmittelgeschäft erhältlich, Maismehl ist in türkischen Lebensmittelläden am günstigsten, Reismehl und Tapioka gibt es in jedem asiatischen Lebensmittelgeschäft. In kontrolliert biologischer Qualität erhält man Mais- und Kartoffelstärke, Mais- und Reismehl im Reformhaus oder Naturkostladen.

Grammgenaues Abwiegen der Zutaten

Halten Sie sich möglichst genau an die in den Rezepten angegebenen Mengen, es handelt sich um praxiserprobte Mischungsverhältnisse: Ein paar Gramm mehr oder weniger einer Zutat – das gilt besonders für die Bindemittel, die grammgenau dosiert werden müssen – können schon zum Misserfolg führen!

Alternativen zum üblichen Brot- und Kuchenmehl

Mais

Mais ist die am häufigsten verwendete Getreideart in der glutenfreien Ernährung und ein üblicher Ersatz für glutenhaltige Getreide. Der Rohstoff Mais ist leicht verfügbar und preiswert. Außerdem hat Mais einen angenehm süßlichen Geschmack, der sich für alle Backwaren eignet.

Es gibt zwei Arten von Maismehl: In Deutschland und anderen Ländern, in denen Mais kein Grundnahrungsmittel ist, werden die Maiskörner einfach gemahlen. Auf diese Weise werden Maisgrieß (Polenta) und Maismehl hergestellt, die meist in Plastikbeuteln abgepackt im Feinkostregal der Supermärkte, in Reformhäusern, Naturkostläden oder in türkischen Lebensmittelläden erhältlich sind. Maismehl ist gelb und bindet viel Flüssigkeit, bleibt jedoch auch nach dem Backen körnig und hemmt das Aufgehen eines Teiges.

In Ländern, in denen das tägliche Brot aus Mais besteht, beispielsweise in Süd- und Mittelamerika, wird ein anderes Maismehl hergestellt: Masa Harina. Masa ist die spanische Bezeichnung für Mehl. Masa Harina ist ein spanischer Ausdruck und bezeichnet das Mehl, aus dem Tortillas gebacken werden. Masa Harina ist ein Mehl, das aus getrockneten weißen Maiskörnern hergestellt wird, die vor dem Vermahlen in einer Mischung aus Wasser und Calciumhydroxid, traditionell Holzasche, aufgekocht und eingeweicht werden. Durch diese Behandlung wird das im Maiskorn enthaltene Vitamin Niacin für den menschlichen Organismus verfügbar, was bei der traditionellen Ernährung, die ansonsten nur wenig Niacin enthält, sehr wichtig ist. Außerdem verändert sich die Struktur des Maiskorns, die harte Außenhaut löst sich ab und das Korn lässt sich besser vermahlen. Masa Harina ist heller als normales Maismehl und färbt den Teig nicht gelblich. Es hat stark verbesserte Backeigenschaften, denn es verbindet sich besonders gut – anders als einfaches Maismehl – mit den anderen Zutaten und hemmt auch das Aufgehen des Teiges nicht. In den USA heißt dieser spezielle Mais ohne harte Außenhaut übrigens »hominy«. Die ganzen Körner oder das unterschiedlich fein gemahlene Mehl sind häufige Zutaten in der amerikanischen Küche. Die aus dem Mehl üblicherweise hergestellte Maisbreizubereitung heißt »hominy grits«. Leider ist dieses Spezialmehl in Deutschland bislang nur im Versandhandel für mexikanische Gastronomie, in einigen asiatischen Lebensmittelgeschäften oder Spezialgeschäften erhältlich.

So stellt man in Süd- und Mittelamerika Masa Harina her:
200 Gramm weiße Maiskörner (Zahnmais, nicht Puffmais oder der hierzulande meist auf den Feldern stehende Futtermais!) waschen, in einer Lösung aus einem Liter Wasser und ein bis zwei Esslöffeln Calciumhydroxid (gelöschter Kalk, in wässriger Lösung wirkt Calciumhydroxid alkalisch, es handelt sich um eine Lauge. Achtung: Hautkontakt vermeiden!) – man kann auch Natriumhydrogencarbonat (Achtung: schäumt!) probieren – aufkochen, einige Minuten köcheln und über Nacht, mindestens zwölf Stunden, quellen lassen. Anschließend die Maiskörner – wenn nötig – weich kochen. Die Körner durch ein Sieb abgießen, gründlich spülen und die sich ablösenden Häute abreiben. Anschließend die Körner mit etwas Wasser pürieren, bis ein geschmeidiger Teig entstanden ist. Die Körner können auch getrocknet und bei Bedarf so fein wie möglich gemahlen werden.

Eine weitere wichtige Zutat für glutenfreies Backen ist die Maisstärke, die auch als Speisestärke bezeichnet wird und unter verschiedenen Markennamen erhältlich ist. Maisstärke macht Teige sandig und sorgt für eine gute Krustenbildung – das heißt aber auch, dass zu viel Maisstärke Teige sehr trocken und krümelig werden lässt. Daher muss Maisstärke immer mit anderen Mehlen oder sehr vielen Eiern gemischt werden.

Kartoffel

Die Kartoffel stammt ursprünglich aus Südamerika und wird in Europa erst seit Mitte des 18. Jahrhunderts flächendeckend angebaut. Seither wurden zahllose Sorten gezüchtet und die Kartoffel ist in Europa zu einem wichtigen Grundnahrungsmittel geworden. Die Pflanze gehört zur Familie der Nachtschattengewächse und ist mit Tomate, Paprika und Tabak verwandt. Essbar sind ausschließlich die unterirdisch wachsenden Sprossknollen der

Pflanze. Auch der Anbau von Kartoffeln erfolgt durch das Ausbringen von Pflanzkartoffeln, die Samen finden nur bei der Züchtung neuer Sorten Verwendung.

Kartoffelstärke ist eine sehr wichtige Zutat in der glutenfreien Küche: Sie ist geschmacksneutral und hat hervorragende Backeigenschaften, weil sie sehr gut bindet und die einzelnen Bestandteile eines Teiges zusammenklebt. Außerdem ist sie preiswert und überall erhältlich. Im Handel heißt Kartoffelstärke mitunter auch Kartoffelmehl.

Zur Gewinnung von Kartoffelstärke werden alle Fasern aus den gekochten Kartoffeln herausgewaschen, bis nur noch die Stärke übrig bleibt. Ein Verfahren, das man beim Kochen von Salzkartoffeln beobachten kann, wobei die ausgekochte Stärke mit dem Kochwasser weggeschüttet wird.

Für Brotteige und einige Kartoffeltorten, die traditionell ohne Weizenmehl hergestellt werden, eignen sich auch gekochte und anschließend durch eine Kartoffelpresse gedrückte oder mit einem Kartoffelstampfer zerdrückte Kartoffeln. Wenn Kartoffelstärke im Haushalt einmal fehlen sollte, kann man den Anteil in allen Rezepten übrigens auch sehr gut durch Kartoffelpüreeflocken ersetzen.

Reis

Reis ist eines der ältesten Grundnahrungsmittel und ernährt mehr als die Hälfte der Weltbevölkerung. Es gibt Tausende von Sorten, die farblich und geschmacklich variieren. Der Geschmack von Reis ist jedoch auch von der Anbaumethode abhängig – denn Reispflanzen müssen mitnichten im Wasser stehen: Durch Trockenanbaumethoden werden intensiver schmeckende und daher besonders begehrte Reissorten produziert.

Die Vielfalt an köstlichen Reisgerichten ist unerschöpflich. Überall auf der Welt werden aus Reis süße oder pikante Speisen zubereitet: Ob Milchreis oder Risotto, Nasi Goreng oder Reis schlicht als Beilage – Reis harmoniert mit fast allem.

Man unterscheidet Reis mittels Korngröße, Kocheigenschaft und Verarbeitungsgrad. Kleiner als fünf Millimeter sind die Rundkornsorten. Langkornsorten sind länger als sechs Millimeter. Nach dem Verarbeitungsgrad unterscheidet man hauptsächlich Braunreis (weitgehend unbehandelt, kaum Vitamin- und Mineralstoffverluste, er wird auch unter der Bezeichnung Naturreis gehandelt), Weißreis (abgeschliffene äußere Schichten, Körner teilweise zusätzlich poliert, hoher Vitamin- und Mineralstoffverlust) und Parboiledreis (vor dem Schleifen mit heißem Wasser behandelt, um einen Teil der Vitamine zu erhalten). Reis kann zu Mehl vermahlen werden. Es gibt zwei Arten Reismehl: zum einen normales Reismehl aus Bruchreis oder einer Mischung aus Schleifmehl und feinem Bruch. Zum anderen Klebreismehl aus Klebreis, einer Reissorte mit besonders mehligen Körnern. Klebreismehl hat ein besonders hohes Quellungs- und Dickungsvermögen.

Im Handel sind beide Arten Reismehl erhältlich. Im Reformhaus oder Naturkostladen gibt es meist nur normales Reismehl, in asiatischen Lebensmittelläden zumeist sowohl Klebreismehl als auch normales Reismehl zu kaufen.

 Für die Rezepte dieses Buches benötigen Sie ausschließlich normales Reismehl. Ersatzweise lassen sich jedoch auch Klebreismehl und insbesondere bei Broten auch gekochte Reiskörner verwenden.

Außerdem gibt es Reisflocken, gedämpfte, zwischen Walzen gepresste Körner aus Naturreis oder weißem Reis, aus denen sich wie aus Schmelzflocken Brei anrühren lässt. Reisflocken eignen sich aber auch hervorragend als Zugabe zu Brotteigen oder im morgendlichen Müsli.

Reismehl quillt erst während des Backvorgangs leicht auf, Backwaren mit einem hohen Reismehlanteil geraten daher leicht klitschig: Das Gebäck ist feucht, zäh, eher kompakt und bleibt an den Zähnen kleben. Wer meint, Reismehl sei völlig neutral im Geschmack, der irrt. Wenn der Reismehlanteil in einem Teig zu hoch ist, entsteht ein intensiv nach Reis schmeckendes Gebäck. Um das zu vermeiden, ist es empfehlenswert, den Reisanteil nicht höher als etwa ein Drittel der gesamten Mehlmenge anzusetzen.

Buchweizen

Buchweizen ist botanisch gesehen kein Getreide, sondern ein Knöterichgewächs mit herzförmigen Blättern und kleinen weißen oder rosafarbenen

Blüten. Die nächsten Verwandten des Buchweizens sind Sauerampfer und Rhabarber. Der Name des Buchweizens ist irreführend, denn die Pflanze ist mit Weizen nicht verwandt. Die nussartigen Früchte des Buchweizens sind glutenfrei und schmecken intensiv nussig und leicht säuerlich. Bekannt ist der Geschmack des Buchweizens von traditionsreichen, pfannkuchenartigen Gebäcken wie den russischen Blini oder den französischen Galette. Buchweizen ist ein preiswertes glutenfreies Getreide, das auch als Mehl und Grütze erhältlich ist.

Buchweizen eignet sich sowohl zum Brot- als auch zum Kuchenbacken. Buchweizenmehl ist grau, quillt bei Flüssigkeitszugabe auf und bindet Teige gut. Buchweizen ist außer Teff und Kastanie das einzige dunkle glutenfreie Getreide mit einem herzhaften Aroma, daher scheint Buchweizen für das Brotbacken besonders gut geeignet zu sein. Leider eignet sich das Mehl jedoch nur als Beimischung bis zu einem Anteil von maximal einem Viertel der gesamten Mehlmenge, denn Buchweizenmehl hält die Gasbläschen nicht, die das Brot bei der Hefegärung porig und locker machen. Wenn der Buchweizenanteil zu hoch ist, erhält man leider nur ein recht klitschiges und flaches Brot.

Hirse

Hirse ist ein uraltes Kulturgetreide. Sie ist als wärmeliebende und genügsame Pflanze eines der Grundnahrungsmittel in Afrika und Asien. In Europa wurde die Hirse von der ertragreicheren Kartoffel verdrängt. Tatsächlich ist Hirse eine Sammelbezeichnung für mehrere Getreidearten. Es gibt Kolbenhirse und Rispenhirse in allen Farbschattierungen von gelb, rot, braun und schwarz. Bei der hierzulande erhältlichen Hirse handelt es sich meist um Rispenhirse, die als geschältes ganzes Korn angeboten wird. Man kann Hirse wie Reis kochen und als Beilage oder für Aufläufe und Bratlinge verwenden.

Hirsemehl nimmt erst während des Backvorgangs Flüssigkeit auf und fördert dadurch das Aufgehen des Teiges. Es behält jedoch seine körnige Struktur und verbindet sich kaum mit anderen Zutaten. Die Backwaren sind leicht und locker, sehr trocken und auch stark krümelig.

Hirse hat einen feinen, nussigen Geschmack und eignet sich fein gemahlen sehr gut für Mürbeteig. Bei lockeren Teigarten mit Hefe oder vielen

Eiern wie Rührteig sollten höchstens 20 Prozent der gesamten Mehlmenge aus Hirse bestehen.

Teff

Teff, auch Zwerghirse genannt, ist ein Grundnahrungsmittel in Äthiopien. Erst seit wenigen Jahren versucht man den Anbau des Getreides auch in Europa und Nordamerika. Teff ist ein sehr vielversprechendes glutenfreies Getreide. Teffkörner sind etwa so groß wie Mohnsamen. Die hohe Nährstoffdichte von Teff ergibt sich aus der Tatsache, dass Schale und Keimling den größten Teil des Korns ausmachen und so der Gehalt an Vitaminen und Mineralstoffen vergleichsweise hoch ist. Es gibt sowohl weiße als auch schwarze und rote Teffsorten. Helles Teffmehl erinnert geschmacklich an Kastanienmehl. Dunkles Teffmehl hat ein haselnussartiges Aroma. Beide Mehlarten eignen sich für alle Backwaren als Beimischung. Teffmehl ist im Reformhaus und im Versandhandel erhältlich.

Amarant und Quinoa

Amarant, ein Fuchsschwanzgewächs, und Quinoa, ein Gänsefußgewächs, sind Nutzpflanzen, die sich in ihrer Bedeutung für die Ernährung gleichen. Die vielseitigen Kulturpflanzen stammen aus Südamerika und werden dort bereits seit mehreren Jahrtausenden angebaut. Die genügsamen Pflanzen gedeihen auch in großen Höhen noch bestens und stecken voller Vitamine. Ihr Mineralstoffgehalt ist genauso hoch oder höher als jener der üblichen Brotgetreidearten. In Peru und Bolivien, den Hauptanbauländern von Amarant und Quinoa, werden die Körner wegen ihres hohen und hochwertigen Eiweißgehaltes sehr geschätzt, die Blätter einiger Sorten werden zudem als Gemüse verzehrt.

Die kleinen, meist hellgelben Quinoakörner sehen der Hirse zum Verwechseln ähnlich und lassen sich ebenso vielfältig verwenden. Neben den weißlichen Sorten gibt es auch rötliche und schwarze Sorten. Wenn Quinoa wie Reis gegart wird, bleibt er körnig und klebt nicht zusammen. Er schmeckt als Beilage oder Bratling zart nussig und mild.

Vor dem Kochen sollten Sie Quinoa gut waschen: Auf der Oberfläche der Körner mancher Quinoasorten sitzen bittere Saponine, die bei der Reinigung in der Mühle zwar größtenteils entfernt werden, in Resten jedoch noch enthalten sein können. Saponine sind wasserlöslich. Obwohl es mittlerweile Sorten gibt, die keine oder kaum Saponine enthalten, sollten Sie Quinoa vorsichtshalber nicht für Kinderbreie verwenden. Ältere Kinder und Erwachsene können die Körner, das Mehl und die Flocken dagegen unbesorgt genießen.

Amarantkörner sind kleiner als Quinoa, enthalten aber sehr viele Nährstoffe: Ihr Gehalt an Eisen, Calcium und Magnesium ist um ein Vielfaches höher als bei den hierzulande bekannten Getreidearten.

Zum Selbstmahlen von Amarant und Quinoa brauchen Sie eine Getreidemühle, die auch für Mais und Ölsaaten geeignet ist. Kleine Mengen Quinoa können Sie auch mit einer Kaffeemühle mahlen. In Reformhäusern und Naturkostläden ist Amarant als ganzes Korn, Popkorn und als Mehl erhältlich. Quinoa gibt es meist als ganzes Korn oder in Form von Flocken.

Die Mehle haben einen fein-nussigen Eigengeschmack, binden viel Flüssigkeit und sind für alle Arten von Backwaren geeignet. Der Anteil des Amarant- oder Quinoamehls sollte jedoch 30 Prozent nicht übersteigen.

Sojabohne

Die Sojabohne ist eine Hülsenfrucht, die ursprünglich aus dem ostasiatischen Raum stammt. Soja hat einen für eine Bohnenart bemerkenswert hohen Ölanteil von 17 Prozent, daher ist sie ein Hauptlieferant für Pflanzenöl. Der nach der Ölgewinnung zurückbleibende sogenannte Sojapresskuchen besteht überwiegend aus hochwertigem Eiweiß. Sojabohnen sind die Grundlage für sehr viele Nahrungsmittel wie Sojamilch, Tofu, Miso oder Sojamehl. Wie bei Mais wird der größte Teil der Weltsojaernte als Tierfutter verwendet.

Sojamehl aus entbitterten (nach dem Schälen werden die Sojabohnen hierfür leicht geröstet), fein gemahlenen Sojabohnen hat aufgrund seiner schnellen und starken Flüssigkeitsaufnahme gute Backeigenschaften. Sojamehl enthält den natürlichen Emulgator Lecithin und kann die Teigbindung und das Backergebnis deutlich verbessern, vor allem wenn keine Eier zum Backen verwendet werden. Außerdem ist in Sojamehl unter anderem ein natürliches Enzym enthalten, das die Knettoleranz, den Dehnungswiderstand und die Gärstabilität des Teiges erhöht. Der Teig wird trockener.

Außerdem steigt das Gebäckvolumen und es verbessert sich die Krumenstruktur.

Sojamehl ist in Reformhäusern, Naturkostläden und im Versandhandel erhältlich. Für glutenfreie Backwaren ist es in größeren Mengen jedoch nur als Beimischung für Brote oder herzhaftes Gebäck empfehlenswert, da es einen intensiven, herzhaft nussigen Eigengeschmack hat. Der Anteil von Sojamehl sollte beim Backen nicht höher als 20 Prozent sein.

Kichererbse

Die Kichererbse stammt ursprünglich aus dem südwestasiatischen Raum und wird dort seit etwa 9.000 Jahren angebaut. Die Schoten der Kichererbse sind mit etwa drei Zentimetern sehr viel kürzer als die unserer heimischen Erbsen. Sie enthalten jeweils zwei Samen, deren Farbskala von beige über gelb und rot bis zu schwarz reicht.

Man unterscheidet bei den Kichererbsen hauptsächlich zwei verschiedene Formen: Die orientalische Kichererbse ist eher bräunlich, klein und runzlig. Sie wird in Asien, Iran, Äthiopien und Mexiko angebaut. Bei uns gibt es meist andere Kichererbsen zu kaufen: Ihre Samen sind fast haselnussgroß und beige. Diese Form stammt aus dem Mittleren Osten und dem Mittelmeerraum.

Kichererbsen haben einen köstlichen, delikaten Nussgeschmack und sind eine häufige Zutat in Gerichten, die ihren Ursprung im Mittleren Osten oder Indien haben. Die bekannteste Zubereitung ist Hommos, eine Paste aus gekochten und zerdrückten Kichererbsen, aromatisiert mit Knoblauch, Sesammus, Zitrone und Paprika. Aus Indien stammen geschälte und halbierte Kichererbsen, die es als Chana Dal im Handel gibt.

Kichererbsen werden auch zu einem sehr feinen, eiweißreichen Mehl vermahlen. In der indischen Küche wird Kichererbsenmehl für die Herstellung von Papadam (in Öl ausgebackener oder gerösteter, dünner, knuspriger Teigfladen) und Pakora (Gemüse oder Fisch in einem Teig aus Kichererbsenmehl, gebacken oder frittiert) verwendet. Kichererbsenmehl hat einen zarten und nussigen Geschmack, es eignet sich in einer Mischung mit anderen Mehlen für süße und pikante Teige, beispielsweise sehr gut für Crêpes. Kichererbsenmehl gibt es in Naturkostläden oder asiatischen Lebensmittelgeschäften zu kaufen.

Kastanie

Edelkastanien sind Laubbäume, die ursprünglich aus Kleinasien stammen, sich rund ums Mittelmeer verbreitet haben und auch hierzulande zu finden sind. Der Baum hat ein ausgeprägtes Wärmebedürfnis und wächst ausschließlich in geschützten Lagen. Dort kann er jedoch eine stattliche Größe von 30 Metern erreichen und mehrere hundert Jahre alt werden. Die ersten Blüten und Früchte tragen Esskastanien übrigens erst ab einem Alter von 10 bis 20 Jahren.

Esskastanien oder Maronen sind im Gegensatz zu Rosskastanien essbar. Man kann sie zwischen September und November sammeln oder kaufen. Eine traditionelle Zubereitungsart für Esskastanien ist das Rösten: Dafür müssen die Edelkastanien an der Spitze kreuzweise eingeschnitten werden – das ist ganz wichtig, weil sie sonst explosionsartig aus der Pfanne springen. Die Maronen müssen in einer unbeschichteten Pfanne oder im Backofen ohne Fettzugabe etwa 15 Minuten geröstet werden. Nach dem Abkühlen und Entfernen der Schale, der darunterliegenden braunen Haut und der kleinen bitteren Härchen können die Kastanien dann nach Wunsch weiterverarbeitet werden.

Alternativ kann man die Esskastanien übrigens auch wie Kartoffeln etwa 20 Minuten kochen – dann sind sie allerdings weich und mehlig und eignen sich kaum noch zum sofortigen Verzehr. Zum Pürieren allerdings sind sie dann genau richtig. Wenn man das Püree mit Sahne oder Butter, etwas Salz und Muskatnuss abschmeckt, erhält man eine delikate Beilage, die als Alternative zu Kartoffeln serviert werden kann.

Köstliche Füllungen für Tartes und Torten kann man mit Kastaniencreme herstellen. Wenn man sie nicht selbst zubereiten möchte, also die gekochten und pürierten Esskastanien mit Honig oder Zucker mischt, kann man auch fertige Kastaniencreme im Feinkost- oder Naturkosthandel kaufen.

Die stärkehaltigen Früchte der Esskastanie lassen sich auch zu Mehl verarbeiten. Dafür werden die Kastanien erst getrocknet, dann geröstet und schließlich gemahlen. Kastanienmehl ist eine leckere Zugabe für Brote und Kuchen. Es hat einen nussig-säuerlichen Eigengeschmack. Leider wird es innerhalb von wenigen Wochen ranzig und kann daher nicht lange gelagert werden. Kastanienmehl ist beispielsweise in italienischen Feinkostgeschäften, im Versandhandel und in gut sortierten Naturkostläden erhältlich.

Hanf

Hanf ist eine der ältesten Kulturpflanzen der Menschheit. Er wird seit mehr als 10.000 Jahren angebaut. Die ursprünglich aus Zentralasien stammende Pflanze hat sich von dort aus auf allen Kontinenten verbreitet.

Die Hanfpflanze ist eine vorzügliche Quelle für Fasern und Samen. Im Mittelalter wurde ein großer Teil der Kleidung aus Hanfgewebe hergestellt. Auch für die Papierherstellung war Hanf lange Zeit der wichtigste Rohstoff: Gutenbergs Bibel aus dem Jahr 1455 ist auf Hanfpapier gedruckt!

Unter anderem wegen des in der Hanfpflanze enthaltenen Tetrahydro-cannabinols (THC), das zur Cannabis-Herstellung verwendet wird und damit verbundener Anbauverbote in vielen Ländern, führte Hanf lange ein Schattendasein. Derzeit wird die Pflanze langsam wieder entdeckt. Seit einigen Jahren bauen immer mehr Landwirte THC-arme Hanfsorten zur Faser- und Samengewinnung an.

Die Hanfpflanze liefert neben Fasern auch Samen, aus denen man ein delikates, nussiges Öl gewinnen kann. Außerdem lassen sich die Samen zu Mehl vermahlen. Hanfsamenmehl wird meist aus dem Presskuchen, dem Rückstand bei der Ölgewinnung, gewonnen.

Die ganzen geschälten Hanfsamen können wie andere Saaten in Brot und Gebäck verwendet werden. Ganze geschälte oder ungeschälte Hanfsamen sollten nicht mit einer haushaltsüblichen Getreidemühle gemahlen werden, da diese durch das Samenöl leicht verklebt, eine Alternative sind spezielle Ölmühlen, wie man sie beispielsweise für Mohnsamen verwendet.

Das Hanfsamenmehl aus dem Presskuchen besteht fast zur Hälfte aus Protein, was Hanf zu einer großartigen Quelle für pflanzliches Eiweiß macht. Für die Backeigenschaften bedeutet der hohe Proteinanteil und dadurch kleinere Stärkeanteil des Mehls eine schlechte Wasserbindung und ein geringes Gashaltevermögen während der Hefegärung. Hanfsamenmehl muss deshalb unbedingt mit anderen glutenfreien Mehlen gemischt werden.

Der Geschmack des Hanfsamenmehls lässt sich mit dem von Buchweizen- oder Kastanienmehl vergleichen. Zum Ausprobieren empfiehlt sich daher ein Rezept mit Buchweizen- oder Kastanienmehl, das dann einfach durch Hanfsamenmehl ersetzt werden kann. Hanfsamen sind in Naturkostläden erhältlich. Hanfsamenmehl gibt es in Geschäften, die sich auf

Hanfprodukte spezialisiert haben oder im Versandhandel, teilweise direkt von den (bisher in Deutschland oder Österreich wenigen) Produzenten.

Maniok

Maniok, auch Cassava genannt, stammt wie die Kartoffel aus Südamerika. Maniok ist ein Wolfsmilchgewächs, dessen Blätter auch als Gemüse verzehrt werden können. Die buschigen Pflanzen erreichen eine stattliche Größe von bis zu drei Metern und haben grünlich gelbe Blüten. Aus den stärkehaltigen Wurzelknollen, den bis zu acht Zentimeter dicken und etwa 90 Zentimeter langen Rhizomen, gewinnt man verschiedene Mehl- und Stärkeprodukte. Die Rhizome werden zerkleinert und einige Tage eingeweicht, bevor die Flüssigkeit ausgepresst und die Masse gewaschen wird. Die Masse wird getrocknet, anschließend geröstet und zu Maniokmehl vermahlen. Aus der Flüssigkeit gewinnt man die Maniokstärke, die Tapioka.

Tapioka ist im gut sortierten Lebensmittelhandel und in asiatischen Lebensmittelgeschäften als Perltapioka oder Stärkemehl erhältlich. Sie hat kaum Eigengeschmack und ist verwendbar wie Maisstärke.

Maniokmehl ist in unterschiedlichen Qualitäten in afrikanischen oder südamerikanischen Lebensmittelgeschäften erhältlich. Es ist grundsätzlich wie Maismehl verwendbar. Beim Kauf sollte man jedoch den Verwendungszweck angeben, denn es gibt süße, herzhafte und säuerliche Varianten.

In einigen Rezepten wird **Milchpulver v**erwendet. Milchpulver ist – vereinfacht gesagt – getrocknete Milch. In Wasser löst sich das Pulver zu einer milchähnlichen Flüssigkeit. Milchpulver besteht neben Milchfett hauptsächlich aus Milcheiweiß. Milcheiweiß verbessert die Backfähigkeit glutenfreier Mehle und es entsteht eine appetitliche Bräunung. Wer kein Milchpulver verwenden möchte, kann es weglassen oder durch einen oder zwei Esslöffel Milch ersetzen. Wer mehr Milch verwenden möchte, sollte diese nicht zusätzlich zugeben, sondern einen Teil des Wassers durch Milch ersetzen – anderenfalls stimmt das Verhältnis Mehl zu Flüssigkeit nicht mehr und das Brot wird klitschig. Milchpulver ist beispielsweise in Reformhäusern erhältlich.

Binde- und Geliermittel

Johannisbrotkernmehl

Der Johannisbrotbaum stammt wahrscheinlich aus dem arabischen Raum, ist jedoch am gesamten Mittelmeer, in Afrika und Südamerika verbreitet. Der Johannisbrotbaum trägt längliche Früchte, die bis zu 25 Zentimeter lang werden können und mit einer ledrigen Schale ausgestattet sind.

Das süße Fruchtfleisch wird Carob genannt und getrocknet und gemahlen als Alternative zu Kaffee oder Schokolade verwendet. Außer dem Mark enthält jede Schote auch etwa 10 bis 15 Kerne, die nach der Schälung zu Johannisbrotkernmehl vermahlen werden. Das so gewonnene Verdickungsmittel ist weiß und geschmacksneutral und kann etwa achtmal mehr Wasser binden als gewöhnliche Stärke. Die bindende Wirkung ist in heißen Flüssigkeiten am besten. Johannisbrotkernmehl kann jedoch auch kalte Speisen andicken, es ist gut zum nachträglichen Andicken von Saucen, Suppen oder Fruchtmusen geeignet. Kalt angerührt benötigt man etwa die doppelte Menge wie für erhitzte Speisen, richten Sie sich hierbei bitte nach den Angaben der jeweiligen Hersteller. Außerdem erhöht Johannisbrotkernmehl die Gel bildende Wirkung von Agar-Agar. Johannisbrotkernmehl kommt auch in vielen fertigen Mehlmischungen als Verdickungsmittel zum Einsatz.

 Auch als **Alternative zu Sahnefestiger** bietet sich Johannisbrotkernmehl an: Für 250 Milliliter Sahne benötigt man etwa 2 bis 3 Teelöffel Johannisbrotkernmehl, das man beim Schlagen der Sahne möglichst klümpchenfrei in die Masse rieseln

Johannisbrotkernmehl ist als Johannisbrotkernmehl oder unter verschiedenen Handelsnamen wie »Nestargel« oder »Bindobin« im Handel erhältlich. Es wird auch von der Lebensmittelindustrie als Stabilisator mit der E-Nummer 410 eingesetzt.

Pfeilwurzelstärke

Pfeilwurzel- oder Marantastärke ist eine Stärkeart aus den Wurzeln der Pfeilwurzelgewächse. Zu den Pfeilwurzelgewächsen rechnet man verschiedene Nutzpflanzen, die wegen ihrer stärkehaltigen Wurzelknollen angebaut werden. Arrowroot, wie Pfeilwurzel auch bezeichnet wird, wird in allen tropischen Regionen der Erde angebaut. Die Wurzeln sind nach etwa einem Jahr, wenn sie fast 25 Prozent Stärke enthalten, erntereif. Sie werden gewaschen, geschält und zerrieben. Der so gewonnenen milchigen Flüssigkeit wird in Trockenhäusern das Wasser entzogen – fertig ist die Pfeilwurzelstärke. Sie ist geruchs- und geschmacksneutral und bindet Saucen und Pudding bereits bei niedrigen Temperaturen von 65 °C.

Pfeilwurzelstärke sollte kalt angerührt, dann in die erhitzte Flüssigkeit gerührt und ein bis zwei Minuten aufgekocht werden. 10 Gramm (etwa ein Esslöffel) Pfeilwurzelstärke binden etwa 200 Milliliter Flüssigkeit. Für das Backen von Brot rechnet man pro 100 Gramm glutenfreie Mehle 4 Gramm (etwa einen gestrichenen Teelöffel) Pfeilwurzelstärke als Bindemittel. Auch beim Backen von Mürbe- oder Rührteigen erzielt man mit einem Zusatz von Pfeilwurzelstärke gute Ergebnisse.

Pfeilwurzelstärke ist in Naturkostläden oder Reformhäusern erhältlich.

Guarkernmehl

Guarkernmehl ist ein Pflanzenstoff, der aus den Samen einer subtropischen Bohnenart gewonnen wird. Die Guarbohne ist eine Hülsenfrucht, die bis zu zwei Meter groß wird und in Indien, Pakistan und den USA angebaut wird. Guarkernmehl bindet auch ohne Erhitzen große Mengen Wasser und kann ähnlich wie Johannisbrotkernmehl in kalte und warme Flüssigkeiten eingerührt werden. Guarkernmehl erhöht wie Johannisbrotkernmehl die Gel bildende Wirkung von Agar-Agar.

Überraschenderweise kommt kaum ein Produkt im Supermarkt ohne Guarkernmehl aus. Man findet den Zusatzstoff in den Zutatenlisten unter der E-Nummer 412 auf Joghurtbechern, Aufstrichen und Mikrowellenmenüs. Guarkernmehl ist übrigens auch ein Bestandteil von Haargel – vor Überdosierungen ist daher zu warnen. Das Resultat ist dann gummiartig und völlig ungenießbar.

Verwendung von Guarkernmehl beim Backen: In den Rezepten dieses Buches werden etwa 10 Gramm Guarkernmehl auf 500 Gramm Mehl oder Mehlmischung zum Backen von Broten verwendet. Guarkernmehl bekommen Sie in Reformhäusern oder Naturkostläden, größere Mengen können auch in Apotheken preisgünstig bestellt werden. Für das Abmessen empfiehlt sich ein Messlöffel, wie er für das Dosieren von Tee gedacht ist. Man misst den Inhalt des Löffels mit einer Digitalwaage ab und kann sich so immer sicher sein, mit einem einzigen Griff und dem Abstreichen des Löffels am Rand der Tüte eine bestimmte Menge Guarkernmehl, beispielsweise 5 Gramm, zum Teig hinzuzufügen. Das spart eine Menge Zeit – daher bleibt der Löffel am besten gleich in der Tüte mit dem Guarkernmehl!

Agar-Agar

Agar-Agar ist ein pflanzliches Gelier- und Verdickungsmittel, das aus verschiedenen getrockneten Rotalgen hergestellt wird. Agar-Agar ist geschmacksneutral und wird meist als Pulver angeboten, wobei sich das ganz feine Pulver am besten verarbeiten lässt. Es eignet sich zur Herstellung von Gelees, Cremes, Fruchtsaucen, Puddings oder verschiedenen Güssen wie Tortenguss.

Agar-Agar riecht und schmeckt, bevor es geliert, ein wenig merkwürdig. Wenn die Masse abgekühlt ist, verfliegt dieses Eigenaroma jedoch und man schmeckt nichts mehr davon. Agar-Agar ist in der Handhabung erheblich einfacher und anspruchsloser als Gelatine!

Damit Agar-Agar geliert, muss es aufgekocht werden. Am besten rührt man das Agar-Agar mit einem kleinen Teil der Flüssigkeit an, die gelieren soll. Die restliche Flüssigkeit erhitzt man und mischt dann das angerührte Agar-Agar darunter. Die Speisen gelieren nach kurzem Aufkochen beim Abkühlen. Wird eine Speise mit Agar-Agar zu fest, gibt man einfach noch etwas Flüssigkeit dazu und kocht sie nochmals auf, Agar-Agar geliert immer wieder neu. Entsprechend rührt man unter zu flüssige Speisen noch etwas Agar-Agar und lässt sie nochmals aufkochen.

■ Sollen Speisen wie **Joghurt, Quark** oder **flüssige Sahne**, die nicht erhitzt werden, mit Agar-Agar angedickt werden, rührt man die benötigte Menge Agar-Agar mit etwas Flüssigkeit (beispielsweise Milch) an, erhitzt diese Mischung und lässt sie anschließend auf etwa 40 bis 35 °C (handwarm) abkühlen. Dann gibt man zunächst einen kleinen Teil des Milchprodukts, das angedickt werden soll, zur warmen Agar-Agar-Masse, anschließend unter zügigem Rühren den Rest.

■ Soll steif **geschlagene Sahne** unter eine abkühlende Agar-Agar-Masse (beispielsweise eine Fruchtmasse, Milch- oder Puddingcreme mit Agar-Agar) gehoben werden, muss die Agar-Agar-Masse hierfür etwa handwarm sein: Sie darf nicht zu warm sein, damit die Sahne nicht zusammenfällt, und nicht zu kalt, damit das Agar-Agar die Sahne noch aufnehmen kann.

■ Für eine **halbfeste Masse** benötigt man etwa 1½ leicht gehäufte Teelöffel Agar-Agar pro Liter Flüssigkeit, für ein **schnittfestes Ergebnis** braucht man 2½ bis 3 Teelöffel pro Liter. Je nach Hersteller ist die Gel bildende Wirkung des Agar-Agar jedoch unterschiedlich stark.

■ Richten Sie sich bei der Dosierung nach den Angaben des Herstellers und probieren Sie verschiedene Mengen, um die jeweils optimale Konsistenz herauszufinden.

Agar-Agar gibt es abgepackt als Einzelportion oder im Glas; es ist im Naturkostladen, Reformhaus oder gut sortierten Supermarkt erhältlich.

Backtriebmittel

Gasbläschen sind das, was Hefe- und Rührteige (oder besser Backpulverteige) zart und locker macht. Bis zu 80 Prozent des Volumens von Broten und Kuchen sind Luft! Die Gasbläschen dehnen das Proteinnetz und teilen es in Tausende kleine, dünne Schichten auf, aus denen die Trennwände der Gasbläschen bestehen.

Für einen porösen Teig verwendet man beim Backen entweder Hefe oder chemische Substanzen wie Backpulver. Diese Triebmittel vergrößern bereits bestehende Lufteinschlüsse im Teig. Daher ist eine gute Zubereitung des Teiges für das Gelingen des Gebäcks so wichtig. Wenn Teig nicht ausreichend geknetet wird oder Butter, Zucker und Eier nicht schaumig genug gerührt sind, um ausreichend kleine Bläschen im Teig einzuschließen, können Backpulver oder Hefe nur wenig ausrichten.

Hefe

Menschen backen bereits seit über 6.000 Jahren Brote mit Triebmitteln. Warum Brotteig aufgeht, wenn man ihm älteren Teig zusetzt, ist aber erst seit etwa 150 Jahren und den Forschungen Louis Pasteurs bekannt. Er fand heraus, dass der Stoffwechsel eines bestimmten Hefepilzes für die Gasbildung verantwortlich ist. Die einzelligen Hefepilze nehmen Zucker auf, um ihren Energiebedarf zu decken. Bei der Zersetzung des Zuckers scheiden sie Kohlendioxid und Ethanol aus. Beim Brauen von Bier und Keltern von Wein entweicht das Kohlendioxid aus der Flüssigkeit und der Alkoholgehalt nimmt zu. Bei der Herstellung und beim Backen von Teig entweichen beide Substanzen erst durch die Hitzeeinwirkung während des Backvorgangs. Das Kohlendioxid kann jedoch aufgrund des zähen Teiges nicht ungehindert entweichen, so dass sich die Gasbläschen in der Wärme vergrößern und den Teig in die Höhe treiben.

Für die Herstellung von Teig ist Hefe aber nicht nur als Triebmittel wichtig: Die Hefepilze geben noch andere Substanzen an den Teig ab, die ihn geschmeidiger machen und ihm sein spezielles Hefeteigaroma verleihen.

Hefe gibt es im Lebensmittelhandel als frische Hefe in Würfelform in der Kühltheke oder als trockenes Granulat in Päckchen im Backregal. Die Hefewürfel sind im Kühlschrank leider nicht länger als ein bis zwei Wochen haltbar, daher ist für alle Rezepte in diesem Buch Trockenbackhefe in der Zutatenliste angegeben. Trockenbackhefe ist sechs Monate und länger haltbar, daher ist die Vorratshaltung viel einfacher. Wer trotzdem frische Hefe verwenden möchte: Die Umrechnung ist ganz einfach, denn ein Würfel Frischhefe entspricht etwa zwei Päckchen Trockenbackhefe.

Backpulver

Die Backpulver, die es im Supermarkt gibt, sind doppelt aktiv: Während sie bei der Teigbereitung mit den anderen Zutaten, vor allem Flüssigkeiten, vermischt werden, bildet sich aus ihnen etwas Kohlendioxid und es entstehen Gasbläschen. Das Gleiche passiert ein weiteres Mal während des Backvorgangs. Aufgrund dieses Reaktionsschemas sollte Backpulver einem glutenfreien Teig immer zuletzt hinzugefügt werden. Außerdem sollte man unbedingt darauf achten, dass man nach dem Backpulver keine Flüssigkeit mehr dazugießt. Wenn der Teig fertig ist, sollte man ihn sofort backen. Backpulverteige dürfen vor dem Backen nicht lange stehen, weil sonst die zweite Gasbläschenbildung während des Backvorgangs ausbleibt.

Ein großer Nachteil der Backpulver ist, dass sie anders als Hefe keine Stoffe bilden, die dem Teig zusätzliche Elastizität verleihen. Daher ist glutenfreies Gebäck aus Backpulverteig immer krümelig. Ein weiteres Problem kann der Geschmack von Backpulver sein – wenn der Kuchen plötzlich säuerlich-chemisch schmeckt, liegt es mit Sicherheit an einer Überdosis Backpulver. Da ist weniger manchmal einfach mehr.

Übliches Backpulver enthält neben der Kohlendioxidquelle, meist Natriumhydrogencarbonat, und Salzen verschiedener Säuren auch phosphathaltige Salze. Wer darauf verzichten möchte, greift zu Weinsteinbackpulver. Weinstein entsteht als natürliche Ablagerung der im Wein vorhandenen Weinsäure in Weinfässern. Weinsteinbackpulver macht sich übrigens bei einer Überdosierung geschmacklich weniger stark negativ bemerkbar.

Praktische Helfer

Es ist grundsätzlich empfehlenswert, sich neue Backutensilien zuzulegen, die konsequent ausschließlich für glutenfreies Backen verwendet werden. Wenn Sie keine neuen Backformen anschaffen möchten, die ausschließlich für glutenfreies Backen benutzt werden sollen, legen Sie bitte die jeweiligen Formen nach gründlicher Reinigung immer mit Backpapier aus.

Benutzen Sie keine Nudelhölzer, Ausstechförmchen, Holzbretter und ähnlich schlecht zu reinigende Utensilien, die auch für Glutenhaltiges verwendet werden. Wenn die Gefahr besteht, dass Ihre Werkzeuge nicht ausschließlich für die Zubereitung Ihrer glutenfreien Backwaren benutzt werden, ist die Anschaffung von gut zu reinigenden Glas- oder Marmorbrettern und Nudelhölzern ohne Gewinde empfehlenswert.

Küchenwaage mit Digitalanzeige

Das genaue Abmessen der Zutaten und Einhalten der Mengenangaben in den Rezepten ist sehr wichtig. Schon geringe Abweichungen haben Auswirkungen auf das Aufgehen des Teiges und die Beschaffenheit des fertigen Brotes. Insbesondere die Flüssigkeiten, die dem Teig zugesetzt werden, haben großen Einfluss auf das Gelingen des Gebäcks. Empfehlenswert ist daher nicht die Verwendung eines Messbechers, sondern ein grammgenaues Einwiegen der Zutaten in die Backform des Brotbackautomaten oder in die Rührschüssel. Dafür eignet sich eine Küchenwaage mit exakter Digitalanzeige am besten: Man stellt einfach die Rührschüssel oder die Form des Brotbackautomaten auf die Waage und drückt vor dem Zugeben der einzelnen Zutaten die Tarataste, um die Waage wieder auf null zu stellen. Wenn man sich dieses Vorgehen einmal angewöhnt hat, verkürzt sich die Dauer der Teigzubereitung erheblich!

Getreidemühle

Wenn Sie eine handbetriebene Kaffeemühle besitzen, können Sie damit auch kleine Mengen Getreide mahlen. Anstrengend wird es jedoch bei Reis. Und die harten Maiskörner lassen sich mit einer Handmühle kaum zerkleinern. Bei regelmäßigem Verzehr von selbst gemahlenem Getreide lohnt sich die Anschaffung eines Vorsatzes für die Küchenmaschine oder die Investition in eine elektrische Getreidemühle.

Getreidemühlen unterscheidet man am Mahlwerk: Es gibt Steinmahlwerke, die langsam arbeiten und so die wertvollen Inhaltsstoffe der Getreidekörner schonen. Leider vertragen Steinmahlwerke keine Feuchtigkeit, daher können damit keine Ölsaaten gemahlen werden. Für die glutenfreie Ernährung eignen sich Getreidemühlen mit Steinmahlwerk weniger gut, da sich meist weder die sehr kleinen Amarantkörner noch Maiskörner damit mahlen lassen. An den harten Maiskörnern scheitern jedoch auch viele Stahlmahlwerke. Achten Sie daher vor der Anschaffung einer Mühle auf die Gerätebeschreibung des Herstellers. Stahlmahlwerke haben eine niedrige Betriebstemperatur und zerreiben auch ölhaltige Samen, sie mahlen jedoch weniger fein als Steinmahlwerke. Das Ergebnis hat eine grießartige Konsistenz und eignet sich eher schlecht für Feingebäck. Keramikmahlwerke sind härter als Stahl und nahezu unverwüstlich. Sie liefern ein feines Mehl, sind jedoch für Ölsaaten weniger gut geeignet. Eine gute Getreidemühle ist eine Anschaffung fürs Leben. Überlegen Sie daher genau, was Sie von Ihrer Mühle erwarten und kaufen Sie ein Modell, das Ihren Ansprüchen auch nach Jahren noch gerecht wird. Gute Getreidemühlen sind sehr teuer, aber die Erfahrung zeigt, dass das Mahlwerk einer preiswerten Mühle häufig gequetschte Körner anstelle von Mehl produziert. Das wichtigste Kriterium bei der Auswahl einer Getreidemühle ist die Mahlleistung, also die Getreidemenge, die pro Minute verarbeitet werden kann, ohne dass das Mahlwerk heißläuft.

Der größte Vorteil des Mahlens zu Hause ist die Möglichkeit, das Getreide vor dem Mahlen zu darren. Durch das **Darren** wird das Getreide bekömmlicher und schmackhafter. Dafür waschen Sie die Getreidekörner und verteilen sie tropfnass auf einem Backblech. Trocknen Sie die Körner 30 bis 60 Minuten ohne Fettzugabe bei 60 bis 80 °C (Umluft) im Backofen. Durch das Darren – und das ist vielleicht der wichtigste Punkt – werden die Back- und Bindeeigenschaften des Mehls positiv beeinflusst, daher lohnt sich der Aufwand durchaus – insbesondere für Mehle, aus denen Brot gebacken werden soll. Gedarrte Körner sind mehrere Monate lang lagerfähig, so dass Sie sich einen Vorrat für Ihr Lieblingsbrot anlegen können.

Getreidemühlen gibt es für unterschiedliche Anforderungen und in diversen Designs in Reformhäusern, Naturkostläden und Haushaltswarenläden zu kaufen. Getreidemühlen werden beim Hersteller »eingemahlen«. Bitte bestehen Sie daher beim Kauf unbedingt auf der Sonderbestellung einer Mühle, die mit glutenfreiem Getreide eingemahlen wurde.

Küchenmaschine

In einem Single-Haushalt können Sie mit einem leistungsstarken Handrührer mit Quirlen, Knethaken und Pürierstab alle anfallenden Arbeiten problemlos erledigen. Wenn Sie jedoch häufig oder für mehrere Personen backen, sollten Sie die Anschaffung einer Küchenmaschine in Erwägung ziehen.

Der Vorteil einer Küchenmaschine liegt oft in dem je nach Typ erhältlichen Zubehör: Es gibt nicht nur unterschiedliche Aufsätze zum Raspeln und Hobeln von Gemüse und Obst, sondern auch Eisbereiter und Getreidemahlwerke.

Das wichtigste Kriterium beim Kauf ist die Leistung, weil schwächere Motoren beim Verarbeiten schwerer Brotteige versagen können. Wenn Sie eine Spülmaschine besitzen, sollten Sie außerdem darauf achten, dass alle Teile der Küchenmaschine, die bei der Benutzung verschmutzen, auch spülmaschinengeeignet sind.

Brotbackautomat

Die Anschaffung eines Brotbackautomaten für die glutenfreie Ernährung ist in jedem Fall lohnenswert. Der Brotbackautomat nimmt Ihnen eine Menge Arbeit ab. Die Maschine garantiert eine jeweils optimale Temperatur während der Ruhezeiten und verhilft dadurch zu einem bestmöglichen Backergebnis: Wegen der eingeschränkten Gehfähigkeit glutenfreier Teige ist eine optimale Temperatur während der Ruhezeit besonders wichtig.

Jeder Brotbackautomat verfügt über mehrere Programme, die sich jeweils zur Zubereitung verschiedener Brot- und Teigarten eignen. Die Programmschritte des Brotbackautomaten sind im Wesentlichen mit den Arbeitsschritten identisch, die auch bei der Hefeteigzubereitung per Hand anfallen: Sie gliedern sich in die Phasen Kneten, Ruhen, Aufgehen und gegebenenfalls Backen. Die einzelnen Prozesse sind bei den unterschiedlichen Programmen teilweise gleich lang, variieren aber in ihren Abläufen abhängig von Zutaten, Temperatur und Luftfeuchtigkeit.

Bei Programmen, die eine Zusatzfunktion wie »Rosine« haben, wird das jeweilige Brot- oder Teigprogramm unterbrochen, es ertönt ein Signalton und der Knethaken der Maschine pausiert für etwa eine Minute. Während dieser Pause können grobe, stückige Zutaten wie Rosinen oder Walnüsse zum Teig gegeben werden. Die Verwendung dieser Programme hat den Vorteil, dass man dem Teig Nüsse oder Trockenfrüchte problemlos erst zu einem sehr späten Zeitpunkt zusetzen kann und diese dadurch nicht dem gesamten Knetvorgang unterworfen sind, der sie eventuell zu stark zerkleinern würde. Man erspart sich mit diesen Programmen das leidige Lauern auf den richtigen Zeitpunkt der Zugabe, wenn der Knetvorgang fast beendet ist – schließlich sollen diese Zugaben noch unter den Teig gearbeitet, aber nicht vom Quirl des Brotbackautomaten vermahlen werden.

Alle Brotbackautomaten haben ein »Normal-Programm«, das sich mit einer Zeitvorwahl steuern lässt. Man kann sich also aussuchen, wann das Gerät seinen Dienst verrichten soll und man zu Hause ist, um das fertige Gebäck zu entnehmen. Empfehlenswert ist eine Zubereitung am späten Abend – nachdem man das fertige Brot aus der Form genommen hat, kann es dann über Nacht auskühlen und ist morgens fürs Frühstück köstlich knusprig und schnittfest.

Erfahrungsgemäß variieren die Backergebnisse je nach verwendetem Brotbackautomaten sehr stark. Daher ist das optimale Programm für ein

Noch ein Hinweis: Man kann den Teig für alle Hefegebäcke, ob Brot, Kleingebäck oder Kuchen vom Brotbackautomaten mischen und kneten lassen, bei den Broten übernimmt der Automat auch das Backen. In den entsprechenden Rezepten wird jeweils auf die Hilfe des Brotbackautomaten und das eingestellte Programm verwiesen. Geeignet ist jedes Programm für die ausschließliche Teigzubereitung, bei einigen Teigen bietet sich auch ein besonders schnelles Teigzubereitungsprogramm wie ein »Pizza-Programm« an.

bestimmtes Brot von Modell zu Modell unterschiedlich und muss individuell ausprobiert werden. Die neuesten Modelle haben übrigens bereits Spezialprogramme für glutenfreie Brote.

Übrigens: Beim Abwiegen der Zutaten sparen Sie eine Menge Zeit, wenn Sie die Backform des Brotbackautomaten auf die Waage stellen und die Zutaten direkt einwiegen.

Wichtig: Die Rezepte in diesem Buch für Brot aus dem Brotbackautomaten sind – mit Ausname des Rezeptes für Weißbrot – alle für das »Schnell-Programm« eines Automaten optimiert. Zum Abgleich mit Ihrem eigenen Brotbackautomaten hier der Programmablauf des verwendeten Programms. Es dauert insgesamt 115 Minuten: Der Automat knetet den Teig 15 bis 20 Minuten, lässt ihn dann eine Stunde gehen und backt das Brot in 35 Minuten fertig. Dieses Programm hat sich als das Beste herausgestellt, weil es verhindert, dass der Teig übermäßig stark geht. Wenn der Teig zu lange ruht und die Gasbläschen zu groß werden, wird ein glutenfreier Teig mangels Klebereiweiß nämlich instabil und fällt dann während des Backvorgangs in sich zusammen. Wählen Sie bei Ihrem eigenen Backautomaten am besten ein vergleichbares Programm.

Waffeleisen

Es gibt mindestens zwei verschiedene Sorten von Waffeleisen, die als Elektrogeräte im Handel erhältlich sind: Den Klassiker, der runde, dünne Waffeln produziert, die sich in herzchenförmige Segmente unterteilen lassen und das Belgische Waffeleisen, für die gehaltvollen, rechteckigen Waffeln, die auf der Kirmes und dem Weihnachtmarkt mit Kirschen und Sahne verkauft werden.

Wichtig: In diesem Buch gibt es Rezepte für beide Sorten von Waffeleisen. Sie benötigen für die Zubereitung unbedingt das jeweils angegebene Gerät – Teig für das Belgische Waffeleisen lässt sich nicht im »normalen« Herzchen-Waffeleisen zubereiten und umgekehrt gilt das Gleiche!

Alle modernen Waffeleisen sind antihaftbeschichtet, so dass ein Anbacken der Waffeln fast unmöglich ist. Das Waffeleisen muss zu Beginn des Backens einmalig mit etwas Margarine, Butter oder Öl eingepinselt werden: Diese Menge reicht für die Teigportionen, die in diesem Buch empfohlen werden, völlig aus. Wichtig ist nur, dass man zum Entnehmen der fertigen Waffeln Holzgabeln oder Ähnliches verwendet, damit die empfindliche Oberflächenbeschichtung des Waffeleisens nicht beschädigt wird. Auch beim Reinigen empfiehlt es sich, achtzugeben, dass keine Kratzer in der Antihaftbeschichtung entstehen. Ist die Beschichtung erst mal verkratzt, dringt nach und nach Feuchtigkeit ein – und die abblätternde Beschichtung isst man dann mit!

Toaster

Wenn Brot altbacken wird, scheint es an Feuchtigkeit verloren zu haben – das Innere wird hart und krümelig. Aber Brot wird auch altbacken, wenn man es in Folie einschweißt und so jeglichen Verlust von Feuchtigkeit verhindert. Die Alterung von Brot ist ein komplexer Prozess, der vor allem auf einer Veränderung der im Brot enthaltenen Stärke beruht. Teilweise lässt sich die Konsistenz und der Geschmack frischen Brotes bei einem altbackenen Brot wiederherstellen – durch Erhitzen auf mindestens 60 °C.

Glutenfreie Brote altern besonders schnell – sie werden innerhalb von nur einem Tag nahezu ungenießbar. Durch die Verwendung von Eigelb oder Buttermilch im Teig und die Wirkung der darin enthaltenen natürlichen Emulgatoren lässt sich dieser Prozess verlangsamen, aber verhindern lässt sich das Altern von Brot weder durch das Lagern in Plastiktüten noch durch Kühlung. Empfehlenswert ist einzig das scheibenweise Einfrieren und bedarfsweise Auftauen im Toaster. Dann entfaltet Brot wieder sein volles Aroma und schmeckt frisch und knusprig.

Gefriertruhe und Gefrierschrank

Von unschätzbarem Wert für einen stressfreien Alltag ist eine Gefriertruhe oder ein Gefrierschrank. Ein Backtag pro Monat reicht aus, um den ganzen Monat genussvoll schlemmen zu können. Die Probleme »Was esse ich morgen zum Frühstück?« oder »Was nehme ich zur Feier mit?« gibt es dann nicht mehr. Wichtig ist, gelegentlich eine große Menge zu backen. Einfrieren können Sie fast alle Backwaren – ausgenommen Obsttorten mit Guss (Guss wird trübe), Baisergebäck und Makronen (werden zäh), Buttercremefüllungen mit Puddingbeigabe (sie werden wässrig), Zuckerglasuren und Puderzucker (werden stumpf) und Krokant (wird weich). Portionieren Sie Ihre Backwaren und frieren Sie die einzelnen Portionen so ein, dass ein Griff in die Gefriertruhe ausreicht, um für alle Eventualitäten gewappnet zu sein.

Gerade weil glutenfreie Backwaren durch das Fehlen des Klebereiweißes sehr viel schneller altbacken werden als glutenhaltige Backwaren, gibt es keine Alternative zum Einfrieren.

Brot einfrieren: Wer kein dröges Brot mümmeln möchte, sollte das Brot nach dem Auskühlen sofort in Scheiben schneiden und portioniert einfrieren. Man erspart sich das Eintüten in unzählige kleine Einheiten, indem man die Scheiben etwas versetzt aufeinander legt. Wenn dann eine oder mehrere Scheiben Brot benötigt werden, reicht ein Stoß der zusammengefrorenen Scheiben auf die Arbeitsplatte, um die Scheiben voneinander zu trennen. Das Brot schmeckt übrigens wie frisch gebacken und ist sofort genießbar, wenn man es im Toaster auftaut. Zum schnellen Auftauen größerer Gebäckstücke wie Muffins eignet sich auch eine Mikrowelle oder der Backofen. Je frischer das Gebäck eingefroren wird, desto besser schmeckt es nach dem Auftauen.

Auch für Backzutaten ist das Einfrieren eine sinnvolle Methode der Vorratshaltung, denn Mehl enthält kaum Wasser und taut daher sehr schnell auf. Auch für Päckchen mit gemahlenen Nüssen und Mandeln ist der Tiefkühlschrank der beste Aufbewahrungsort – denn so verhindert man nicht nur das Ranzigwerden, sondern auch Schädlingsbefall. Natürlich lässt sich auch Teig, ungeformt oder bereits geformt, problemlos einfrieren – und bei Bedarf schnell im Backofen fertig backen.

Rezepte

Backanleitung für Hefebrote und -gebäck ohne Brotbackautomaten

Wenn Sie die Hefeteige in diesem Buch ohne Brotbackautomaten zubereiten möchten, gehen Sie am besten so vor:

- Die Hefe und den Zucker oder Honig in ein Rührgefäß geben. Die im Rezept angegebene Menge Wasser oder Milch leicht erwärmen und zur Hefe geben. Die Flüssigkeit darf nur handwarm sein, die Temperatur darf 40 °C nicht überschreiten, weil die Hefe sonst abstirbt. Die Flüssigkeit mit Hefe einige Minuten mit dem Schneebesen rühren oder mit einer Gabel aufschlagen, bis sie anfängt zu schäumen.
- Die Mehle in eine große Schüssel füllen und eine Mulde in der Mitte formen. In die Mulde die angerührte Hefe gießen. Auf den Rand des Mehls Salz und Fett oder Ei möglichst so geben, dass kein direkter Kontakt zur Hefe entsteht.
- Die Schüssel mit einem sauberen Geschirrtuch abdecken und 20 bis 30 Minuten an einen warmen Ort stellen – am sichersten ist der Backofen, eingestellt auf 50 °C (Umluft), mit einem Kochlöffel, der die Backofentür spaltbreit offen hält.
- Nach der Gehzeit hat die Hefe in der Mitte ihr Volumen deutlich sichtbar vergrößert. Dann die Zutaten zu einem geschmeidigen Hefeteig kneten und den Teig portionsweise in die Backformen oder auf das Backblech legen (oder gießen) oder den Teig entsprechend der Rezeptanleitung portionieren. Den Teig vor dem Backen weitere 30 Minuten gehen lassen.
- Wichtig ist auch, den Backofen mit einem Backblech auf der untersten Schiene vorzuheizen und unmittelbar nach dem Einstellen der Backform auf einen Rost auf der zweiten Schiene von unten, ein Glas Wasser auf das heiße Backblech zu gießen. Der entstehende Wasserdampf verhindert ein Austrocknen und Einreißen des Brotes an der Oberfläche.

Brot aus dem Brotbackautomaten

Entdecken Sie glutenfreie Brote, die knuspern statt krümeln. Endlich können Sie Ihr Brot bedenkenlos anbieten, denn niemand wird den Unterschied zu herkömmlichen Broten bemerken.

Und das Beste ist, dass Sie nur die Zutaten in die Form des Backautomaten füllen müssen. Den Rest erledigt die Maschine. So können Sie, ohne lange in der Küche zu stehen, köstliches frisches Brot genießen.

Brot aus dem Ofen: Selbstverständlich können Sie jedes der folgenden Rezepte auch ohne Brotbackautomaten zubereiten und Ihr Brot im Ofen backen. Das dauert zwar länger, dafür können Sie jedoch gleich die doppelte Menge oder mehr Brote backen und sich einen Vorrat im Gefrierschrank oder in der Gefriertruhe anlegen. Außerdem können Sie die Oberfläche des Brotes vor dem Backen mit Körnern bestreuen oder mit Wasser oder Fett einpinseln, damit sie schön glänzt. Richten Sie sich bei der Zubereitung des Brotteiges ohne Brotbackautomaten bitte nach der Anleitung auf Seite 44.

Bei Brot in großen Kastenformen rechnet man mit einer Backzeit von 60 bis 90 Minuten bei 180 °C (Ober- und Unterhitze). Wenn die Oberfläche währenddessen zu dunkel wird, kann man sie mit Backpapier abdecken. Die Backzeiten und Temperaturen für Brote in kleineren Formen variieren je nach Rezept (Wassergehalt) und Ofen. Sie lassen sich leider nicht pauschal angeben. Rechnen Sie pro Kilogramm Teig in einer Form mit einer Backzeit von etwa 60 Minuten und machen Sie dann den Klopftest: Ein fertiges Brot klingt hohl, wenn man auf seine Unterseite klopft.

Vollwertbrot
Zutaten für ein Brot (750 g)

50 g Buchweizengrütze
50 g Leinsamen
1 EL Rübenballaststoff oder Apfelfaser
2 TL Salz
1 EL Öl
250 ml kochendes Wasser
250 ml Buttermilch
100 g Maisstärke
100 g Kartoffelstärke
100 g Reismehl
2 TL Pfeilwurzelstärke
1 EL Rübenkraut
1 Päckchen Trockenbackhefe

- Leinsamen, Rübenballaststoff oder Apfelfaser, Salz und Öl in den Back-automaten geben und mit kochendem Wasser übergießen.
- Dann erst die Buttermilch einfüllen und anschließend die Mehle daraufgeben.
- Zum Schluss das Rübenkraut auf die Zutaten in den Backautomaten geben und die Hefe auf das Rübenkraut streuen.

- Backprogramm: »Schnell«

Rübenballaststoff besteht aus den Zellwänden der Zuckerrübe. Er ist in Form feiner, brauner Flocken erhältlich. Die Zuckerrüben werden zur Gewinnung des Ballaststoffes nach dem Waschen zerkleinert und einge-weicht – dabei löst sich der Zucker heraus. Die übrig gebliebenen Zucker-rübenschnitzel werden getrocknet und mit einem speziellen Verfahren zu Flocken verarbeitet. Rübenballaststoff eignet sich hervorragend, um ein Gebäck sättigender zu machen und ihm mehr »Biss« zu verleihen, ohne die Kalorienmenge nennenswert zu erhöhen. Für das glutenfreie Backen ist Rübenballaststoff (oder Apfelfaser) eine wertvolle Zutat, weil die Flocken viel Feuchtigkeit binden und das Gebäck somit saftiger und haltbarer machen.

Möhrenbrot
Zutaten für ein Brot (750 g)

100 g Hirseflocken
250 ml kochendes Wasser
2 TL Salz
1 EL Olivenöl
120 g Maisstärke
120 g Kartoffelstärke
100 g Buchweizenmehl
5 g Guarkernmehl
50 g fein geraspelte Möhre
1 MSP geriebene Muskatnuss
150 g Joghurt
50 g Roh-Rohrzucker
1 Päckchen Trockenbackhefe

- Die Hirseflocken in die Form des Brotbackautomaten einwiegen und mit dem kochenden Wasser übergießen.
- Salz und Öl hinzugeben und die Mehle daraufgeben.
- Die geraspelte Möhre und die geriebene Muskatnuss hinzugeben und mit Joghurt bedecken.
- Zum Schluss den Rohrzucker und die Hefe daraufstreuen.

- Backprogramm: »Schnell«

Bauernbrot
Zutaten für ein Brot (750 g)

200 ml Wasser
150 g Joghurt
1 Ei
1 TL Salz
80 g Buchweizenmehl
80 g Maisstärke
80 g Kartoffelstärke
80 g Reismehl
2 TL Pfeilwurzelstärke
1 EL Rübenkraut
1 Päckchen Trockenbackhefe

- Wasser, Joghurt, das Ei und Salz in den Backautomaten füllen.
- Die Mehle darauf einwiegen und mit Rübenkraut und Hefe bedecken.

- Backprogramm: »Schnell«

Das köstliche Aroma frischen Brotes entsteht durch den Eigenge-schmack der Mehle, die Hefe und den Fermentationsprozess. Außerdem entstehen beim Backen natürliche Geschmacksstoffe. Es gibt außer Salz und Zucker, Honig und Rübenkraut, aber auch **Gewürze**, die wunderbar zu Brot passen:

- Musknatnuss und Macis passen mit ihrem nussigen, runden Aroma zu fast jedem Brot – besonders empfiehlt sich die Verwendung bei Broten, die Kartoffel, Möhre oder Saaten enthalten.
- Auch Zimt lässt sich beim Brotbacken recht vielseitig verwenden und passt nicht nur perfekt ins Apfelbrot.
- Ingwer, Kardamom, Kümmel und Anis sind intensiv schmeckende Gewürze, die nicht unbedingt jedermanns Geschmack treffen – hier muss jeder für sich ausprobieren, was im Lieblingsbrot am besten schmeckt.
- In Broten mit mediterranem Touch wie Olivenbrot oder Focaccia schmecken Kräuter wie Oregano, Thymian, Rosmarin oder Lavendel einfach köstlich.

Apfelbrot
Zutaten für ein Brot (750 g)

350 g Apfelmus
1 Ei
50 g Butter
1 TL Salz
1 MSP geriebene Muskatnuss
1 MSP Zimtpulver
100 g gehackte Walnüsse
60 g Buchweizenmehl
60 g Maisstärke
60 g Kartoffelstärke
60 g Reismehl
5 g Guarkernmehl
1 EL Roh-Rohrzucker
1 Päckchen Trockenbackhefe

- Apfelmus, Ei, Butter und Salz in den Backautomaten geben.
- Gewürze und Nüsse dazugeben und die Mehle einwiegen.
- Zum Schluss Zucker und Hefe darüberstreuen.

- Backprogramm: »Schnell«

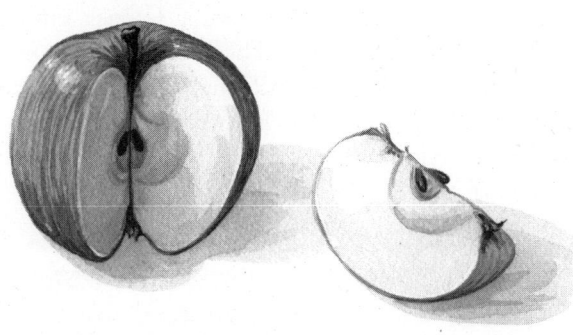

Kartoffelbrot
Zutaten für ein Brot (750 g)

100 g gekochte Kartoffeln
200 ml Wasser
1 EL Öl
1 TL Salz
1 MSP geriebene Muskatnuss
100 g Maisstärke
100 g Buchweizenmehl
100 g Reismehl
50 g Kartoffelstärke
5 g Guarkernmehl
30 g Zucker
1 Päckchen Trockenbackhefe

- Die Kartoffeln durch eine Kartoffelpresse drücken oder mit einem Kartoffelstampfer zerkleinern.
- Kartoffeln mit Wasser, Öl, Salz und Muskatnuss in den Backautomaten geben.
- Mehle einwiegen und zum Schluss Zucker und Hefe darüberstreuen.

- Backprogramm: »Schnell«

Kartoffeln sind zum glutenfreien Backen hervorragend geeignet, denn sie machen das fertige Gebäck saftig und zart. Festkochende Kartoffeln sind besser geeignet als mehlige. Die gekochten Kartoffeln am besten noch heiß durch die Kartoffelpresse drücken oder mit einem Kartoffelstampfer zerkleinern – wenn die Kartoffeln abgekühlt sind, braucht man erheblich mehr Kraft, um sie durch die Presse zu drücken.

Weißbrot
Zutaten für ein Brot (900 g)

500 ml Buttermilch
30 g Butter
1 TL Salz
120 g Kartoffelstärke
120 g Reismehl
120 g Maisstärke
80 g Masa Harina (spezielles Maismehl, siehe Seite 20)
10 g Guarkernmehl
30 g Zucker
1 Päckchen Trockenbackhefe

- Buttermilch, Butter und Salz in den Backautomaten geben.
- Dann die Mehle einwiegen.
- Zum Schluss den Zucker und die Hefe darübergeben.

- Backprogramm: »Französisch«

Das Backautomatenprogramm »Französisch« dauert zwar sechs Stunden, lohnt sich jedoch: Die Kruste eines mit diesem Programm hergestellten Brotes ist dünn und knusprig, das Innere ist feinporig, weich und saftig. Bei diesem Programm lässt der Backautomat die Zutaten zunächst 30 Minuten ruhen und bringt sie auf Zimmertemperatur, dann wechseln sich mehrere Knet- und Ruhephasen ab, bis das Brot schließlich gebacken wird. Mit den Automatenprogrammen »Normal« und »Schnell« gelingt dieses Rezept ebenfalls, mit dem Programm »Französisch« erhält man jedoch das beste Resultat. Probieren Sie einfach verschiedene Programme Ihres Brotbackautomaten aus, bis Sie die optimale Variante gefunden haben.

Rosinenbrot
Zutaten für ein Brot (750 g)

350 ml Buttermilch
30 g Butter
1 Ei
1 TL Salz
250 g Rosinen
100 g Kartoffelstärke
100 g Reismehl
100 g Tapioka
50 g Masa Harina (spezielles Maismehl, siehe Seite 20)
5 g Guarkernmehl
60 g Zucker
1 Päckchen Trockenbackhefe

- Buttermilch, Butter, Ei und das Salz in den Backautomaten füllen.
- Die Rosinen dazugeben und dann die Mehle einwiegen.
- Auf diese Zutaten Zucker und Hefe streuen.

- Backprogramm: »Schnell«

Für die Herstellung von Rosinenbrot mit einem Brotbackauto-maten eignet sich natürlich ein spezielles Rosinenprogramm am besten. Wenn Ihr Brotbackautomat ein solches besitzt, dann sollten Sie die Trockenfrüchte erst zugeben, wenn der Teig fast fertig geknetet ist und die Maschine mit einem Signalton den richtigen Zeitpunkt für die Zugabe der Trockenfrüchte signalisiert. Durch dieses Vorgehen lässt sich sicherstellen, dass die Rosinen während des Knetvorgangs nicht zerkleinert werden.

Aprikosen-Quark-Brot
Zutaten für ein Brot (750 g)

500 g Magerquark
1 Ei
1 TL Salz
100 g klein gehackte, getrocknete Aprikosen
100 g Reismehl
100 g Kartoffelstärke
100 g Maisstärke
50 g Masa Harina (spezielles Maismehl, siehe Seite 20)
5 g Guarkernmehl
50 g Zucker
1 Päckchen Trockenbackhefe

- Quark, Ei, Salz und Aprikosen in den Automaten füllen und die Mehle daraufgeben.
- Zum Schluss Zucker auf die Mehle streuen und die Hefe auf den Zucker geben.

- Backprogramm: »Schnell«

Olivenbrot
Zutaten für ein Brot (750 g)

250 ml Wasser
1 EL Olivenöl
50 g fein gehackte Oliven
1 TL Salz
120 g Sojamehl
120 g Reismehl
120 g Maisstärke
80 g Buchweizenmehl
5 g Guarkernmehl
50 g Honig
1 Päckchen Trockenbackhefe

- Wasser, Öl, Oliven und Salz in den Backautomaten füllen.
- Mehle einwiegen und den Honig und die Hefe auf die Mehle geben.

- Backprogramm: »Schnell«

Oliven sind frisch vom Baum ungenießbar, weil sie unter anderem den Bitterstoff Oleuropein enthalten. Durch das Einlegen in alkalische Lösungen wird nicht nur der Bitterstoff abgebaut, sondern die Schale der Olive auch durchlässiger für Salz und Kräuteraromen, die Oliven ihren typischen mediterranen Geschmack verleihen. Nach der Entbitterung werden die Oliven fermentiert. Man kann übrigens grün, also unreif geerntete Oliven auch durch den Zusatz von Eisengluconat schwärzen. Die Farbe hat daher wenig Aussagekraft darüber, wie lange eine Olive am Baum gehangen hat. Der Zusatz von Eisengluconat muss vom Hersteller angegeben werden.

Teffbrot
Zutaten für ein Brot (750 g)

250 ml Wasser
1 EL Öl
1 Ei
1 TL Salz
100 g Maisstärke
100 g Kartoffelstärke
150 g Teffmehl
5 g Guarkernmehl
20 g Zucker
1 Päckchen Trockenbackhefe

- Wasser, Öl, Ei und Salz in den Backautomaten füllen.
- Die Mehle einwiegen und zum Schluss die Mehle mit Zucker und Hefe bestreuen.

- Backprogramm: »Schnell«

Zwiebelbrot
Zutaten für ein Brot (750 g)

100 g Zwiebeln
2 EL Olivenöl
50 ml Wasser
1 Ei
1 TL Salz
1 MSP geriebene Muskatnuss
60 g Buchweizenmehl
60 g Maisstärke
60 g Kartoffelstärke
60 g Reismehl
5 g Guarkernmehl
1 EL Roh-Rohrzucker
1 Päckchen Trockenbackhefe

- Die Zwiebeln in Ringe schneiden und im Olivenöl bei kleiner Hitze 5 bis 10 Minuten glasig dünsten, dabei häufig wenden und darauf achten, dass die Hitze nicht zu groß ist und die Zwiebeln bräunen.
- Zwiebeln, Wasser, Ei, Salz und geriebene Muskatnuss in den Backautomaten füllen und die Mehle daraufgeben.
- Zum Schluss Zucker auf die Mehle streuen und die Hefe auf den Zucker geben.

- Backprogramm: »Schnell«

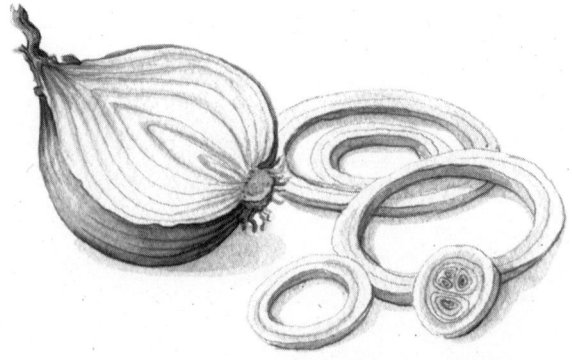

Früchtebrot
Zutaten für ein Brot (750 g)

200 ml Pflaumensaft
50 g fein gehackte Trockenfrüchte
150 g Joghurt
1 Ei
1 TL Salz
100 g Buchweizenmehl
100 g Maisstärke
100 g Kartoffelstärke
100 g Reismehl
5 g Guarkernmehl
1 EL Honig
1 Päckchen Trockenbackhefe

- Pflaumensaft, Trockenfrüchte, Joghurt, Ei und Salz in die Form des Backautomaten füllen.
- Mehle daraufgeben, Honig auf das Mehl fließen lassen und Hefe daraufstreuen.

- Backprogramm: »Schnell«

Bananenbrot

Zutaten für ein Brot (450 g)

150 g geschälte Banane (etwa 2 mittelgroße Bananen ohne Schale)
150 g saure Sahne
1 Ei
1 TL Salz
50 g Buchweizenmehl
50 g Maisstärke
50 g Kartoffelstärke
50 g Reismehl
1 TL Pfeilwurzelstärke
1 EL Honig
1 Päckchen Trockenbackhefe

- Die Bananen pürieren und mit saurer Sahne, Ei und Salz in den Backautomaten füllen.
- Die Mehle darauf einwiegen und mit Honig und Hefe bedecken.

- Backprogramm: »Schnell«

Erdnussbrot
Zutaten für ein Brot (750 g)

250 ml Wasser
1 TL Salz
50 g Erdnussbutter
120 g Sojamehl
120 g Reismehl
120 g Maisstärke
80 g Buchweizenmehl
5 g Guarkernmehl
50 g Honig
1 Päckchen Trockenbackhefe

- Wasser, Salz und Erdnussbutter in den Backautomaten füllen.
- Die Mehle einwiegen und zum Schluss den Honig und die Hefe daraufgeben.

- Backprogramm: »Schnell«

 Wer Erdnüsse nicht mag oder allergisch auf sie reagiert, verwendet Tahini, eine Paste, die aus geröstetem Sesam hergestellt wird. Es gibt sie in arabischen Lebensmittelgeschäften, im Naturkostladen oder Reformhaus zu kaufen.

Aus dem Ofen

Für einen richtig guten Start ins Wochenende gibt es nichts Besseres als ein ausgiebiges Frühstück mit einem gut gefüllten Brotkorb. Ob herzhafte Laugenbrezel oder zart schmelzende Schokobrötchen – der Duft dieser knusprigen kleinen Köstlichkeiten lässt jeden Langschläfer zum Frühaufsteher werden. Garantiert! Dabei ist die Zubereitung der Gebäckstücke ein Kinderspiel – und Sie müssen auch nicht vor Sonnenaufgang in der Küche stehen. Die Hefeteige lassen sich alle im Backautomaten zubereiten, so dass Sie nur noch die Teigstücke portionieren, ausformen und auf das Backblech legen müssen. Einfacher geht's kaum.

Die meisten elektrischen Backöfen lassen sich durch Ober- und Unterhitze regulieren. Viele haben zusätzlich eine Umluftfunktion. Backen mit Umluft ist effizienter und produziert bei Temperaturen, die 20 °C unter den entsprechenden Temperaturen wie beim Backen ausschließlich mit Ober- und Unterhitze liegen, meist gleich gute Backergebnisse. Aber es gibt auch Fälle, wo entweder nur Ober- und Unterhitze oder Ober- und Unterhitze mit Umluft besser ist.

Wer Brote nicht im Brotbackautomaten, sondern im Backofen backen möchte, sollte das Brot bei Ober- und Unterhitze backen, es gelingt dann besser. Wenn während des Backens Wasser auf einem Backblech auf der untersten Schiene des Ofens verdunstet, ist ein optimales Ergebnis zu erwarten. Der Teig kann während des Backens nicht austrocknen und die Oberfläche des Gebäcks reißt nicht ein.

Schokobrötchen
Zutaten für zehn Schokobrötchen

Für den Teig:
250 ml Buttermilch
30 g Butter
1 Ei
1 TL Salz
100 g Schokoladentropfen oder klein gehackte Zartbitterschokolade
abgeriebene Schale einer unbehandelten Zitrone
100 g Kartoffelstärke
100 g Reismehl
100 g Maisstärke
50 g Masa Harina (spezielles Maismehl, siehe Seite 20)
5 g Guarkernmehl
60 g Zucker
1 Päckchen Trockenbackhefe

Zum Bestreichen:
1 Eigelb
1 EL Sahne

- Buttermilch, Butter, Ei und Salz in den Backautomaten einwiegen. Schokoladentropfen und Zitronenschale dazugeben, die Mehle einwiegen. Auf die Zutaten Zucker und Hefe streuen. Den Backautomaten auf »Teigzubereitung« programmieren und den Teig kneten lassen.
- Wer den Hefeteig von Hand mischen und kneten möchte, richtet sich nach der Anweisung auf Seite 44.
- Wenn der Teig fertig ist, mit bemehlten Händen (Reismehl) kleine Brötchen formen und auf ein mit Backpapier ausgelegtes Backblech setzen. Jedes Brötchen oben zweimal schräg einschneiden und anschließend das gesamte Blech mit einem Geschirrtuch abdecken. Die Brötchen 30 Minuten an einem warmen Ort ruhen lassen.
- Den Backofen auf 160 °C (Umluft) vorheizen. Das Eigelb mit Sahne verquirlen und die Brötchen kurz vor dem Backen damit bestreichen. Die Brötchen 30 bis 40 Minuten backen.

Laugenbrezeln
Zutaten für acht Brezeln

Für den Teig:
300 ml Wasser

30 g Butter

1 TL Salz

120 g Kartoffelstärke

120 g Reismehl

120 g Maisstärke

80 g Masa Harina (spezielles Maismehl, siehe Seite 20)

5 g Guarkernmehl

25 g Milchpulver

30 g Zucker

1 Päckchen Trockenbackhefe

Für die Lauge:
500 ml Wasser

50 g Natron

2 TL Salz

Zum Bestreuen:
grobes Salz

- Wasser, Butter und Salz in den Backautomaten geben, dann die Mehle und das Milchpulver einwiegen. Zum Schluss den Zucker und die Hefe über die anderen Zutaten geben. Den Backautomaten auf »Teigzubereitung« programmieren und den Teig vom Automaten mischen und kneten lassen.
- Wer den Hefeteig von Hand mischen und kneten möchte, richtet sich nach der Anweisung auf Seite 44.
- Den Backofen auf 180 °C (Ober- und Unterhitze) vorheizen und ein Backblech mit Backpapier auslegen.
- Das Wasser für die Lauge in eine Pfanne oder einen flachen Topf geben und Natron und Salz darin unter Rühren mit einem Metallgegenstand (beispielsweise einem Löffel oder einem Schneebesen aus Metall) auflösen und anschließend zum Kochen bringen.

- Den fertigen Teig in acht Portionen aufteilen und zu Brezeln formen. Die geformten Teigstücke etwa 10 Minuten gehen lassen, dann jede Brezel auf einer Schaumkelle jeweils 1 Minute in die Lauge tauchen und anschließend auf das Backblech legen. Die Brezeln müssen in der Lauge schwimmen: Wenn die Brezeln nicht schwimmen, ist der Teig noch nicht ausreichend gegangen und braucht noch einige Minuten Wärme und Ruhe.
- Nach dem Tauchbad in der Lauge die Brezeln mit Salz bestreuen und 30 Minuten backen.

Achtung: Natronlauge ist ätzend, daher ist dieses Rezept nicht für das Backen mit kleinen Kindern geeignet. Beim Ansetzen der Natronlauge bitte Hautkontakt vermeiden und darauf achten, dass nichts in die Augen spritzen kann. Natronlauge ist mehrfach verwendbar. Es ist jedoch empfehlenswert, sie zu entsorgen, um versehentliches Trinken völlig auszuschließen.

Mohnstuten
Zutaten für eine Kastenform, Länge 30 Zentimeter

Für den Teig:
500 ml Buttermilch
100 g Butter
1 TL Salz
150 g Kartoffelstärke
150 g Reismehl
150 g Tapioka
75 g Masa Harina (spezielles Maismehl, siehe Seite 20)
10 g Guarkernmehl
80 g Zucker
1 Päckchen Trockenbackhefe

Für die Füllung:
250 ml Milch
100 g Honig
250 g gemahlener Mohn
abgeriebene Schale einer unbehandelten Zitrone
1 MSP gemahlene Vanille oder ausgekratztes Vanillemark
1 MSP Zimtpulver
3 EL Rum oder Zitronensaft

Zum Bestreichen:
1 EL Sahne
1 Eigelb

- Buttermilch, Butter und Salz in den Backautomaten geben, dann die Mehle einwiegen. Zum Schluss den Zucker und die Hefe darübergeben. Den Backautomaten auf »Teigzubereitung« programmieren und den Teig vom Automaten mischen und kneten lassen.
- Wer den Hefeteig von Hand mischen und kneten möchte, richtet sich nach der Anweisung auf Seite 44.

- In der Zwischenzeit Milch mit Honig unter Rühren erhitzen. Wenn sich der Honig aufgelöst hat und die Milch fast kocht, Mohn, Gewürze und Rum oder Zitronensaft hinzugeben. Masse unter ständigem Rühren weitere 5 Minuten auf starker Hitze anrösten, dann den Ofen ausschalten und den Mohn ausquellen lassen.
- Eine große Kastenform mit Backpapier und ein Backblech mit Backpapier oder einem Geschirrtuch auslegen.
- Den fertigen Teig gleichmäßig auf dem Backblech verteilen und den Teig mit der abgekühlten Mohnfüllung bestreichen. Dann die Teigplatte mithilfe des Backpapiers oder des Geschirrtuches aufrollen, die Enden eventuell etwas zusammendrücken und die Teigrolle in die Kastenform legen. Die Backform mit einem Küchentuch abdecken und für 15 Minuten an einen warmen Ort stellen.
- Während der Ruhezeit den Ofen auf 180 °C (Ober- und Unterhitze) vorheizen. Für eine schöne Oberfläche den Mohnstuten vor dem Backen mehrfach schräg einschneiden und die Oberfläche mit dem mit Sahne verquirlten Eigelb bepinseln.
- Der Mohnstuten muss 50 bis 60 Minuten backen.

 Gemahlener Mohn wird sehr schnell ranzig, daher sollte man sich den benötigten Mohn im Naturkostladen oder Reformhaus immer frisch mahlen lassen und sofort verbrauchen oder den Mohn selbst zu Hause mit einer Mohnmühle zerkleinern.

Brioche
Zutaten für zwölf Brioches

Für den Teig:
3 Eier
1 Prise Salz
50 g Buchweizenmehl
100 g Reismehl
100 g Maisstärke
5 g Guarkernmehl
50 g Zucker
1 Päckchen Trockenbackhefe
80 g Butter

Zum Bestreichen:
1 Ei
1 EL Milch

Für die Förmchen:
Butter
Reismehl

- Eier, Salz und Mehle der Reihe nach in den Brotbackautomaten geben. Zucker und Hefe auf dem Mehl platzieren, den Automaten auf »Teigzubereitung« programmieren und den Teig vom Automaten zubereiten lassen.
- Wer den Hefeteig von Hand mischen und kneten möchte, richtet sich nach der Anweisung auf Seite 44.
- Die Butter zerlassen und zum fertigen Teig in den Automaten geben. Das Teigprogramm ein weiteres Mal durchlaufen lassen.
- Brioche- oder Muffinförmchen einfetten und mit Reismehl bestäuben. Den Teig bis zwei Zentimeter unter den Rand in die Förmchen füllen und an einem warmen Ort 15 Minuten gehen lassen.
- Ofen auf 180 °C (Ober- und Unterhitze) vorheizen und Brioches auf der mittleren Schiene 15 Minuten backen. Brioches mit Eiermilch einpinseln und weitere 5 Minuten backen.

Kürbiskrüstchen
Zutaten für zwölf Kürbiskrüstchen

350 g klein geschnittener Kürbis (frisch oder aus dem Glas)
1 Ei
50 g Butter
1 TL Salz
1 MSP geriebene Muskatnuss
60 g Buchweizenmehl
60 g Maisstärke
60 g Kartoffelstärke
60 g Reismehl
5 g Guarkernmehl
1 EL Roh-Rohrzucker
1 Päckchen Trockenbackhefe

Für die Förmchen:
Öl
Reismehl

- Kürbis pürieren, frischen Kürbis roh zerkleinern oder vorher kurz weich dünsten.
- Kürbis in den Brotbackautomaten geben. Das Ei, die Butter, das Salz, die geriebene Muskatnuss und die Mehle dazugeben. Zum Schluss den Zucker und die Hefe in die Mitte auf die anderen Zutaten streuen.
- Den Backautomaten auf »Pizza-« oder »Nur-Teig-Proramm« einstellen und den Teig vom Automaten zubereiten lassen.
- Wer den Hefeteig von Hand mischen und kneten möchte, richtet sich nach der Anweisung auf Seite 44.
- Muffinförmchen mit Öl auspinseln und mit Reismehl bestäuben. Teig einfüllen und 30 Minuten mit einem Geschirrtuch abgedeckt gehen lassen.
- Während der Ruhezeit den Backofen auf 160 °C (Ober- und Unterhitze) vorheizen und die Kürbiskrüstchen etwa 35 Minuten backen.

 Kürbis durch süße Möhren ersetzten!

Zimthörnchen
Zutaten für zwölf Zimthörnchen

Für den Teig:
200 ml Milch
50 g Butter
1 TL Salz
100 g Kartoffelstärke
100 g Reismehl
100 g Maisstärke
50 g Masa Harina (spezielles Maismehl, siehe Seite 20)
5 g Guarkernmehl
80 g Zucker
1 Päckchen Trockenbackhefe
etwas Reismehl

Für die Füllung:
200 g gemahlene Haselnüsse
1 TL Zimtpulver
100 g Zucker
50 ml Sahne

Zum Bestreichen:
1 Eigelb
1 TL Sahne

- Milch, Butter und Salz in den Backautomaten geben, dann die Mehle einwiegen. Zum Schluss den Zucker und die Hefe darüberstreuen. Den Backautomaten auf »Pizza-« oder »Nur-Teig-Programm« einstellen und den Teig vom Automaten zubereiten lassen.
- Wer den Hefeteig von Hand mischen und kneten möchte, richtet sich nach der Anweisung auf Seite 44.

- Ein Backblech mit Backpapier auslegen und den fertigen Teig gleichmäßig darauf verteilen. Den Teig dünn mit Reismehl bestäuben und mit einem feuchten Geschirrtuch abdecken. Den Teig im Ofen bei höchstens 50 °C (Ober- und Unterhitze) und spaltbreit geöffneter Ofentür (einen Kochlöffel zwischen Tür und Rahmen klemmen) oder an einem warmen Ort 15 bis 20 Minuten gehen lassen.
- Die Zutaten für die Füllung in einer Schüssel mischen.
- Nach Ende der Gehzeit den Teig mit einem scharfen Messer in zwölf Dreiecke schneiden. Jedes Dreieck mit einem Esslöffel Füllung belegen und zu einem Hörnchen aufrollen.
- Den Backofen auf 180 °C (Umluft) vorheizen. Eigelb mit Sahne verquirlen und die Hörnchen damit bestreichen.
- Hörnchen 30 bis 40 Minuten backen.

Mohnstangen
Zutaten für acht Mohnstangen

Für den Teig:
300 ml Wasser
30 g Butter
1 TL Salz
100 g Kartoffelstärke
100 g Reismehl
100 g Maisstärke
50 g Masa Harina (spezielles Maismehl, siehe Seite 20)
5 g Guarkernmehl
25 g Milchpulver
30 g Zucker
1 Päckchen Trockenbackhefe

Zum Bestreuen:
50 g Mohnsaat

- Wasser, Butter und Salz in den Backautomaten geben, dann die Mehle und das Milchpulver einwiegen. Zum Schluss den Zucker und die Hefe darübergeben. Den Backautomaten auf »Pizza-Programm« einstellen und den Teig vom Automaten mischen und kneten lassen.
- Wer den Hefeteig von Hand mischen und kneten möchte, richtet sich nach der Anweisung auf Seite 44.
- Ein Backblech mit Backpapier auslegen. Den fertigen Teig in acht Portionen aufteilen, zu kleinen Baguettebrötchen formen und in Mohnsaat wälzen. Die Mohnstangen auf das Backblech legen, mit einem Geschirrtuch abdecken und 15 Minuten an einem warmen Ort gehen lassen.
- Backofen auf 160 °C (Ober- und Unterhitze) vorheizen und die Mohnstangen etwa 35 Minuten backen.

Focaccia
Zutaten für vier Focacce

Für den Teig:
350 ml Wasser
20 ml Olivenöl
1 TL Salz
120 g Kartoffelstärke
120 g Maisstärke
100 g Reismehl
100 g Buchweizenmehl
25 g Milchpulver
5 g Guarkernmehl
30 g Zucker
1 Päckchen Trockenbackhefe

Für den Belag:
Olivenöl
grobes Meersalz

- Wasser, Olivenöl und Salz in den Backautomaten geben. Darauf die Mehle einwiegen und mit Zucker und Hefe bestreuen. Automat auf »Pizza-« oder »Nur-Teig-Programm« einstellen und den Teig vom Automaten mischen und kneten lassen.
- Wer den Hefeteig von Hand mischen und kneten möchte, richtet sich nach der Anweisung auf Seite 44.
- Wenn der Teig fertig ist, den Backofen auf 160 °C (Umluft) vorheizen. Den Teig aus dem Backautomaten nehmen und portionsweise zwei Zentimeter dicke, runde oder ovale Teigstücke ausrollen. Die Teigfladen auf mit Backpapier ausgelegte Backbleche legen und die Oberfläche kreuzweise einschneiden.
- Die Focacce anschließend mit Olivenöl bepinseln und mit grobem Meersalz bestreuen.
- Die Focacce 30 bis 40 Minuten backen und noch warm erneut mit Olivenöl bepinseln.

Partyschnecken
Zutaten für fünfzehn Partyschnecken

Für den Teig:
250 ml Wasser
30 g Butter
1 TL Salz
100 g Buchweizenmehl
100 g Kartoffelstärke
100 g Tapioka
50 g Masa Harina (spezielles Maismehl, siehe Seite 20)
5 g Guarkernmehl
50 g Milchpulver
30 g Zucker
1 Päckchen Trockenbackhefe
etwas Reismehl

Für die Füllung:
100 g schwarze entsteinte Oliven
100 g getrocknete Tomaten
100 g geriebener Käse
1 TL Oregano
1 Ei

Zum Bestreichen:
1 Eigelb
1 EL Sahne

- Wasser, Butter und Salz in den Backautomaten geben, dann die Mehle und das Milchpulver einwiegen. Zum Schluss den Zucker und die Hefe darübergeben. Den Backautomaten auf »Teigzubereitung« programmieren und den Teig vom Automaten mischen und kneten lassen.
- Wer den Hefeteig von Hand mischen und kneten möchte, richtet sich nach der Anweisung auf Seite 44.

- Ein Backblech mit Backpapier oder einem Küchentuch belegen. Den fertigen Teig gleichmäßig darauf verteilen, die Oberfläche des Teiges mit Reismehl bestreuen und den Teig mit einem feuchten Geschirrtuch abdecken. Den Teig im Ofen bei höchstens 50 °C (Ober- und Unterhitze) und spaltbreit geöffneter Ofentür (einen Kochlöffel zwischen Tür und Rahmen klemmen) oder an einem warmen Ort 15 bis 20 Minuten gehen lassen.
- Die Oliven und die getrockneten Tomaten sehr fein hacken und mit Käse, Oregano und Ei mischen.
- Den fertig gegangenen Teig mit der Oliven-Tomaten-Käsefüllung bestreichen. Dann die Teigplatte mithilfe des Backpapiers oder des Geschirrtuches aufrollen, etwas zusammendrücken und die Teigrolle in etwa drei Zentimeter dicke Scheiben schneiden.
- Das Backblech gegebenenfalls mit neuem Backpapier belegen und die Teigscheiben darauflegen. Das Blech mit einem Küchentuch abdecken und 15 Minuten an einen warmen Ort stellen.
- Während der Ruhezeit den Ofen auf 160 °C (Ober- und Unterhitze) vorheizen. Das Eigelb mit Sahne verquirlen und die Partyschnecken vor dem Backen damit bestreichen.
- Die Partyschnecken 30 bis 40 Minuten backen.

Quarktaschen
Zutaten für acht Quarktaschen

Für den Teig:
150 g Magerquark
100 g Zucker
8 EL Milch
8 EL Öl
50 g Kartoffelstärke
50 g Maismehl
100 g Maisstärke
100 g Reismehl
5 g Guarkernmehl
1 Päckchen Weinsteinbackpulver

Für die Füllung:
350 g Magerquark
80 g Zucker
1 Ei
abgeriebene Schale einer unbehandelten Zitrone
100 g Rosinen

Zum Bestreichen:
1 Ei

- Die Zutaten für den Teig in eine große Schüssel geben und zu einem geschmeidigen Teig verkneten.
- Die Zutaten für die Füllung in einer weiteren Schüssel miteinander mischen. Backofen auf 160 °C (Umluft) vorheizen.
- Ein Backblech mit Backpapier auslegen, den Teig mit einem bemehlten (Reismehl!) Nudelholz dünn ausrollen. Teig in acht Quadrate oder Dreiecke schneiden und mit jeweils einem Achtel der Füllung belegen.
- Bei jedem Gebäckstück die Kanten mit verquirltem Ei bestreichen und zusammenklappen. Die Kanten mit einer Gabel fest zusammendrücken und die Oberfläche ebenfalls mit verquirltem Ei bestreichen.
- Quarktaschen auf das Backblech legen und etwa 30 Minuten backen.

Kümmelbrötchen
Zutaten für zwölf Kümmelbrötchen

Für den Teig:
250 ml Wasser
1 EL Öl
1 Ei
1 TL Salz
½ TL Kümmel
100 g Maisstärke
100 g Kartoffelstärke
150 g Teffmehl
5 g Guarkernmehl
30 g Honig
1 Päckchen Trockenbackhefe
etwas Reis- oder Kartoffelmehl

Zum Bestreichen:
Olivenöl

- Wasser, Öl, Ei, Salz und Kümmel in den Backautomaten füllen. Mehle und zum Schluss Honig und Hefe einwiegen. Backautomaten auf »Teigzubereitung« einstellen und Teig vom Automaten zubereiten lassen.
- Wer den Hefeteig von Hand mischen und kneten möchte, richtet sich nach der Anweisung auf Seite 44.
- Ein Backblech mit Backpapier belegen. Aus dem fertigen Teig etwa zwölf kleine Brötchen formen, diese auf der Oberseite jeweils kreuzweise einschneiden und auf dem Backblech verteilen.
- Die Brötchen mit etwas Reis- oder Kartoffelmehl bestäuben und im Backofen bei höchstens 50 °C (Ober- und Unterhitze) und spaltbreit geöffneter Ofentür (einen Kochlöffel zwischen Tür und Rahmen klemmen) oder an einem warmen Ort mindestens 30 Minuten ruhen lassen.
- Die fertig gegangenen Brötchen gegebenenfalls aus dem Ofen nehmen und den Backofen auf 180 °C (Ober- und Unterhitze) vorheizen.
- Die Oberfläche der Brötchen mit Olivenöl dünn einpinseln und die Brötchen 20 bis 30 Minuten backen.

Maniok-Käse-Knacker
Zutaten für zwölf Maniok-Käse-Knacker

Für den Teig:
300 ml Wasser
30 g Butter
1 TL Salz
120 g Tapioka
120 g Maniokmehl (herzhaft)
120 g Kartoffelstärke
80 g Masa Harina (spezielles Maismehl, siehe Seite 20)
5 g Guarkernmehl
25 g Milchpulver
30 g Zucker
1 Päckchen Trockenbackhefe
etwas Reis- oder Kartoffelmehl

Zum Bestreuen:
150 g geriebener Emmentaler

- Wasser, Butter und Salz in den Backautomaten geben, dann die Mehle und das Milchpulver einwiegen. Zum Schluss den Zucker und die Hefe darübergeben. Den Backautomaten auf »Teigzubereitung« programmieren und den Teig vom Automaten mischen und kneten lassen.
- Wer den Hefeteig von Hand mischen und kneten möchte, richtet sich nach der Anweisung auf Seite 44.
- Ein Backblech mit Backpapier auslegen. Aus dem fertigen Teig kleine längliche Brötchen formen und auf dem Backblech verteilen. Die Brötchen mit etwas Reis- oder Kartoffelmehl bestäuben und im Backofen bei höchstens 50 °C (Ober- und Unterhitze) und spaltbreit geöffneter Ofentür (einen Kochlöffel zwischen Tür und Rahmen klemmen) oder an einem warmen Ort mindestens 30 Minuten ruhen lassen.
- Die fertig gegangenen Brötchen gegebenenfalls aus dem Ofen nehmen und den Backofen auf 180 °C (Ober- und Unterhitze) vorheizen.
- Die Oberfläche der Brötchen mit dem geriebenen Emmentaler bestreuen und die Brötchen 20 bis 30 Minuten backen.

Kuchenklassiker

Hier finden Sie alles, was Sie aus Ihrer Kindheit und von all den Anlässen kennen, bei denen es Kuchen gab und gibt. Die klassischen Kuchenrezepte, die es schon zu Omas Zeiten gab. Rezepte für Anlässe, zu denen Sie nicht unbedingt eine Torte backen. Sonntags, zu Kindergeburtstagen, wenn Freunde kommen oder einfach nur, wenn Sie sich selbst etwas Gutes tun wollen. Rezepte, die schnell und leicht gelingen. Leckereien, die Sie tagelang als kleine Naschereien aufheben können.

Mit wenig Mühe, vor allem aber kostengünstig, können Sie mit den folgenden Rezepten Kuchen backen, die jedem schmecken und alle glücklich machen. Bei diesen Köstlichkeiten werden alle Kinder und Erwachsenen gerne zugreifen. Erleben Sie das Gefühl, dazuzugehören und nicht ständig »Extrawürstchen« serviert zu bekommen, die geschmacklich fragwürdig sind. Diese Kuchen können Sie auch noch nach Tagen essen, sofern überhaupt etwas davon übrig bleibt.

Schokoladenkuchen
Zutaten für eine Springform, Durchmesser 24 Zentimeter

Für den Teig:
100 g Maisstärke
100 g Kartoffelstärke
50 g Maismehl
1 Päckchen Weinsteinbackpulver
50 g Kakaopulver
2 Eier
1 Prise Salz
250 g Butter
200 g Zartbitterschokolade
350 g Zucker
1 TL Instant-Kaffeepulver
250 ml Wasser

Für die Glasur:
150 g Zartbitterschokolade
100 g Butter

Für die Form:
Margarine
Reis- oder Kartoffelmehl

- Backofen auf 160 °C (Umluft) vorheizen. Den Boden einer Springform mit Backpapier auslegen, den Rand der Form mit Margarine bepinseln und mit Reis- oder Kartoffelmehl bestäuben.
- Mehle, Backpulver und Kakaopulver in einer großen Schüssel mischen.
- Die Eier trennen und das Eiweiß mit einer Prise Salz zu Eischnee schlagen.
- Eigelbe, Butter, Schokolade, Zucker und Kaffeepulver mit dem Wasser in einen Topf geben und bei schwacher Hitze rühren, bis sich alle Zutaten miteinander verbunden haben.

- Die Schokoladenmischung auf die Mehlmischung geben und kurz verrühren. Den Eischnee dazugeben und vorsichtig unter den Teig heben.
- Teig in die Kuchenform einfüllen und 90 Minuten backen. Den Schokoladenkuchen in der Form abkühlen lassen. Nach dem Abkühlen aus der Form stürzen.
- Für die Glasur Schokolade und Butter bei schwacher Hitze unter Rühren erhitzen, bis die Zutaten geschmolzen sind und eine glatte Masse entstanden ist. Die Glasur einige Minuten abkühlen lassen, damit sie etwas eindickt. Dann den Kuchen damit überziehen.

Mohnkuchen
Zutaten für eine Springform, Durchmesser 24 Zentimeter

Für den Teig:
150 g Butter
200 g Zucker
abgeriebene Schale einer unbehandelten Zitrone
1 Prise Salz
2 EL Rum oder Zitronensaft
6 Eier
200 g gemahlener Mohn
40 g Maisstärke
40 g Reismehl

Zum Bestreuen:
Puderzucker

Für die Form:
Margarine
gemahlene Haselnüsse oder Maismehl

- Ofen auf 160 °C (Umluft) vorheizen. Eine Springform mit Margarine auspinseln und mit gemahlenen Haselnüssen oder Maismehl ausstreuen.
- Die Butter mit dem Zucker schaumig rühren. Gewürze und Rum oder Zitronensaft dazugeben und untermischen, dann die Eier nacheinander (jeweils zwei Stück zusammen) jeweils mehrere Minuten unterrühren.
- Mohn und Mehle unter die Schaummasse heben.
- Teig in die vorbereitete Springform füllen und 45 Minuten backen. Kuchen etwa 30 Minuten in der Form ruhen lassen, erst dann die Springform entfernen. Kuchen vor dem Servieren mit Puderzucker bestäuben.

 Klein gehackte Schokolade, Zitronat, Orangeat oder Rosinen dazugeben.

Sandkuchen

Zutaten für eine Kastenform, Länge 30 Zentimeter

250 g Butter
200 g Zucker
1 MSP gemahlene Vanille oder ausgekratztes Vanillemark
1 Prise Salz
4 Eier
100 g Maisstärke
100 g Kartoffelstärke
50 g Maismehl
½ TL Weinsteinbackpulver

- Backofen auf 160 °C (Umluft) vorheizen und eine Kastenform mit Backpapier auslegen.
- Die Butter zerlassen und mit dem Zucker verrühren, bis eine helle Schaummasse entstanden ist.
- Die Vanille und das Salz hinzugeben und die Eier nacheinander (jeweils zwei Stück zusammen) unterrühren. Die Mehle und das Backpulver hinzugeben.
- Den Teig in die Form füllen und den Kuchen etwa 60 Minuten backen. Kuchen nach dem Backen 5 Minuten in der Form abdampfen lassen, dann auf einen Kuchenrost stürzen und vollständig auskühlen lassen – bleibt der Kuchen in der Form, wird er matschig.

 Überziehen Sie den fertigen Kuchen mit leckerem Zuckerguss oder Kuvertüre.

Quarkkuchen
Zutaten für eine Springform, Durchmesser 24 Zentimeter

Für den Teig:
200 g Butter
150 g Zucker
1 Ei
80 g Buchweizenmehl
100 g Maisstärke
100 g Kartoffelstärke
2 EL Kakaopulver
1 Päckchen Weinsteinbackpulver

Für die Füllung:
4 Eier
1 Prise Salz
250 g Butter
250 g Zucker
500 g Magerquark
1 MSP gemahlene Vanille oder ausgekratztes Vanillemark
30 g Maisstärke

Für die Form:
Margarine
Mais- oder Kartoffelmehl oder gemahlene Nüsse

- Eine Springform mit Backpapier auslegen, den Rand mit Margarine bepinseln und mit Mais- oder Kartoffelmehl oder gemahlenen Nüssen bestreuen.
- Für den Teig Butter und Zucker schaumig rühren, dann das Ei einrühren. Die Mehle, das Kakaopulver und das Backpulver zum Teig geben und unterrühren.
- Den Backofen auf 160 °C (Umluft) vorheizen.
- Für die Quarkfüllung die Eier trennen, das Eiweiß mit einer Prise Salz zu Eischnee schlagen und kühl stellen.

- Anschließend Butter und Zucker schaumig rühren. Den Quark, die Eigelbe, Vanille und Speisestärke unter die Butter-Zucker-Mischung rühren. Zum Schluss den Eischnee unterheben.
- Die Hälfte des Teiges in die Springform geben und den Boden und den Rand der Springform damit auskleiden. Anschließend die Quarkmasse in die Form füllen und den restlichen Teig stückchenweise auf der Quarkmasse verteilen.
- Den Quarkkuchen 60 bis 80 Minuten backen.

Marmorkuchen
Zutaten für eine Kastenform, Länge 30 Zentimeter

Für den Teig:
200 g Butter
150 g Zucker
4 Eier
1 MSP gemahlene Vanille oder ausgekratztes Vanillemark
1 Prise Salz
2 EL Rum oder Kaffee
80 g Maisstärke
80 g Kartoffelstärke
50 g Maismehl
1 TL Weinsteinbackpulver
50 g Zartbitterschokolade

Zum Bestäuben:
Puderzucker

- Eine Kastenform mit Backpapier auslegen und den Backofen auf 160 °C (Umluft) vorheizen.
- Die Butter mit dem Zucker cremig rühren. Dann die Eier nacheinander (jeweils zwei Stück zusammen) jeweils mehrere Minuten lang unterrühren.
- Vanille, Salz und Rum hinzugeben – Kaffee statt Rum erst zum dunklen Schokoladenteig geben –, dann die Mehle und das Backpulver untermischen.
- Die Schokolade im Wasserbad schmelzen und ein Drittel des Teiges mit der flüssigen Schokolade (und gegebenenfalls mit dem Kaffee) mischen. Den restlichen hellen Teig halbieren.
- In die Backform zunächst die eine Hälfte des hellen Teigs, dann den dunklen Teig und zum Schluss die andere Hälfte des hellen Teigs einfüllen. Dabei nicht zu ordentlich sein, damit sich ein schönes Muster ergibt.
- Den Kuchen 45 bis 55 Minuten backen, sofort aus der Form auf ein Kuchengitter stürzen und vor dem Servieren mit Puderzucker bestäuben.

Nusskuchen
Zutaten für eine große Gugelhupf-Form

250 g Butter
180 g Zucker
6 Eier
1 MSP gemahlene Vanille oder ausgekratztes Vanillemark
1 Prise Salz
3 EL Rum oder Zitronen- oder Orangensaft
50 g Maismehl
100 g Maisstärke
100 g Kartoffelstärke
2 gestrichene TL Weinsteinbackpulver
100 g fein gehackte Zartbitterschokolade
100 g gemahlene Haselnüsse
50 g fein gewiegtes Zitronat

Für die Form:
Margarine
Reis- oder Maismehl

- Eine Gugelhupf-Form mit Margarine auspinseln und mit Reis- oder Maismehl ausstreuen. Den Backofen auf 160 °C (Umluft) vorheizen.
- Die Butter mit dem Zucker cremig rühren. Dann die Eier nacheinander (jeweils zwei Stück zusammen) jeweils mehrere Minuten lang unter die Butter-Zucker-Masse rühren.
- Vanille, Salz und Rum oder Zitronen- oder Orangensaft hinzugeben, dann die Mehle und das Backpulver dazumischen.
- Die Schokolade, die Haselnüsse und das Zitronat unter den Teig heben, Teig in die Form füllen und Kuchen 45 bis 55 Minuten backen.
- Kuchen nach dem Backen sofort aus der Form auf ein Kuchengitter stürzen.

 Wenn sich der Kuchen nicht aus der Form lösen will, legen Sie ein kaltes, feuchtes Tuch oder einen Tiefkühl-Akku auf die Form. Nach wenigen Minuten werden Sie die Form vom Kuchen heben können.

Reiskuchen
Zutaten für eine Tarte- oder Springform, Durchmesser 26 Zentimeter

Für den Teig:
100 g Maisstärke
100 g Kartoffelstärke
50 g Maismehl
100 g Zucker
Salz
1 Ei
125 g Butter

Für die Füllung:
50 g Butter
½ TL gemahlene Vanille oder ausgekratztes Vanillemark
100 g Milchreis
abgeriebene Schale und Saft von 2 unbehandelten Orangen
1 Prise Salz
300 ml Milch
1 kg frische Mandarinen
(ersatzweise Mandarinen aus dem Glas, Abtropfgewicht etwa 550 g)
50 g Honig
2 Eier

Zum Blindbacken:
getrocknete Erbsen oder Bohnen

Für die Form:
Butter
gemahlene Nüsse oder Maisstärke

■ Maisstärke, Kartoffelstärke und Maismehl, Zucker, Salz, Ei und Butter in Flöckchen in eine Rührschüssel geben und alles zu einem glatten Mürbeteig verkneten. Luftdicht abdecken (beispielsweise in Frischhaltefolie wickeln) und etwa 30 Minuten kalt stellen.

- Mürbeteig ausrollen, den Boden einer gefetteten und mit gemahlenen Nüssen oder Maisstärke bestäubten Tarte- oder Springform damit auskleiden, einen kleinen Rand anarbeiten und den Rand leicht andrücken. Die Form etwa 15 Minuten in den Kühlschrank stellen.
- Den Backofen auf 160 °C (Umluft) vorheizen. Backpapier auf den Teig legen, die Hülsenfrüchte darauf verteilen und den Kuchenboden etwa 15 Minuten backen. Das Backpapier mit den Hülsenfrüchten entfernen und den Boden etwa 5 Minuten bei gleicher Temperatur weiterbacken. Danach auskühlen lassen.
- Für die Milchreis-Füllung die Butter in einem hohen Topf zerlassen und Vanille dazugeben. Die Vanille etwa 1 Minute lang ihr volles Aroma entfalten lassen und erst dann den Reis, die Orangenschale und das Salz hinzugeben. Den Reis unter Rühren kurz bei mittlerer Hitze in der Butter andünsten, dann langsam nach und nach die Milch dazugießen. Den Milchreis etwa 15 Minuten unter gelegentlichem Rühren ausquellen lassen.
- In der Zwischenzeit die Mandarinen schälen, in Segmente teilen und möglichst viele der weißen Häutchen entfernen. Wenn Mandarinen aus dem Glas verwendet werden, bitte den Saft abtropfen lassen.
- Wenn der Reis fertig ist, also noch etwas Biss hat, den Topf vom Herd nehmen und die Früchte dazugeben. Die Mandarinen gut unter den Milchreis rühren, wenn einige der Mandarinenspalten dabei in ihre Bestandteile zerfallen, ist das durchaus erwünscht. Anschließend den Honig und die beiden Eier zum Milchreis geben und ebenfalls gut unterrühren.
- Den Backofen auf 160 °C (Umluft) vorheizen, die Milchreis-Füllung auf dem vorgebackenen Boden verteilen und den Reiskuchen 20 bis 25 Minuten backen, bis die Oberfläche goldbraun ist.

 Auch mit Kirschen statt Mandarinen sehr lecker!!!

Bienenstich
Zutaten für eine Springform, Durchmesser 24 Zentimeter

Für den Teig:
4 Eier
120 g Zucker
1 MSP gemahlene Vanille oder ausgekratztes Vanillemark
40 g Reismehl
40 g Kartoffelstärke
40 g Maisstärke
50 g gemahlene Mandeln
abgeriebene Schale einer unbehandelten Zitrone
2 TL Weinsteinbackpulver

Für den Belag:
100 g Mandelblättchen
30 g Zucker
80 g Butter

Für die Vanillecreme:
350 ml Milch
1 Prise Salz
1 Päckchen oder 1 TL (etwa 3 g) Agar-Agar
½ TL gemahlene Vanille oder ausgekratztes Vanillemark
2 Eigelb
50 g Zucker
20 g Maisstärke
200 ml Sahne
½ Päckchen Sahnefestiger oder 2 TL Johannisbrotkernmehl

- Den Backofen auf 160 °C (Umluft) vorheizen und den Boden einer Springform mit Backpapier auslegen.
- Für den Teig die Eier mit Zucker und Vanille mehrere Minuten lang schaumig rühren, dann die Mehle, die gemahlenen Mandeln, die Zitronenschale und das Backpulver unterrühren.

- Den Teig in die vorbereitete Backform füllen, mit Mandelblättchen und Zucker bestreuen und 40 bis 50 Minuten backen.
- Den fertigen Kuchen einige Minuten in der Form abdampfen lassen, dann aus der Form lösen und auf ein Kuchengitter stellen.
- Die Butter zerlassen und den Kuchen damit begießen.
- Für die Vanillecreme die Milch mit Salz, Agar-Agar und Vanille in einem Topf kurz aufkochen lassen, vom Herd nehmen, Deckel auflegen und ziehen lassen. In einem weiteren Topf Eigelb und Zucker schaumig rühren, die Maisstärke hinzugeben und die Vanillemilch unter ständigem Rühren dazugießen. Die Vanillecreme einmal aufkochen lassen, dabei ständig mit dem Schneebesen aufschlagen. Den Topf vom Herd nehmen, wenn die Masse einmal kräftig aufgeschäumt ist.
- Kuchen nach dem Abkühlen zum Füllen einmal horizontal durchschneiden. Die Sahne mit Sahnefestiger oder Johannisbrotkernmehl sehr steif schlagen und unter die vollständig erkaltete Vanillecreme heben, den Kuchen mit der Vanillecreme füllen und servieren.

Honigkuchen
Zutaten für eine Kastenform, Länge 30 Zentimeter

250 ml Buttermilch
3 TL Salz
1 MSP Zimtpulver
1 MSP Nelkenpulver
1 MSP gemahlene Vanille oder ausgekratztes Vanillemark
3 EL brauner Rum oder Apfel- oder Orangensaft
100 g Tapioka
100 g Reismehl
100 g Kartoffelstärke
50 g Masa Harina (spezielles Maismehl, siehe Seite 20)
5 g Guarkernmehl
250 g Honig
1 Päckchen Trockenbackhefe
150 g Butter
100 g gemahlene Mandeln

- Buttermilch und Salz in den Backautomaten füllen. Die Gewürze und den Rum oder Apfel- oder Orangensaft hinzugeben und dann die Mehle einwiegen. Anschließend den Honig dazugeben und die Hefe darüberstreuen. Den Backautomaten auf »Teigzubereitung« programmieren und den Teig vom Automaten zubereiten lassen.
- Wer den Hefeteig von Hand mischen und kneten möchte, richtet sich nach der Anweisung auf Seite 44.
- Die Butter zerlassen und mit den Mandeln unter den Teig mischen. Den Teig 15 Minuten gehen lassen.
- Den Backofen auf 180 °C (Umluft) vorheizen. Eine große Kastenform mit Backpapier auslegen und den Teig einfüllen.
- Den Honigkuchen etwa 50 Minuten backen. Kuchen nach dem Backen 5 Minuten in der Form abdampfen lassen, dann auf einen Kuchenrost stürzen und vollständig auskühlen lassen – bleibt der Kuchen in der Form, wird er matschig.

Orangenkuchen
Zutaten für eine Springform, Durchmesser 24 Zentimeter

etwas Butter
50 g Mandelblättchen
4 Eier
175 g Zucker
abgeriebene Schale einer unbehandelten Orange
50 g Kartoffelstärke
50 g Speisestärke
50 g Maismehl
½ TL Weinsteinbackpulver
75 g zerlassene Butter
knapp 250 ml frisch gepresster Orangensaft
Saft einer unbehandelten Zitrone
1 EL Zucker
2 EL Puderzucker

Für die Form:
Margarine, Reismehl

- Backofen auf 160 °C (Umluft) vorheizen. Den Boden einer Springform mit Backpapier auslegen, mit Butter bestreichen und mit Mandelblättchen bestreuen. Den Rand der Springform mit Margarine einpinseln und mit Reismehl bestäuben.
- Die Eier trennen. Eigelb und Zucker schaumig rühren. Abgeriebene Orangenschale mit den Mehlen und dem Backpulver mischen und unter die Eigelb-Zucker-Mischung rühren.
- Das Eiweiß zu steifem Eischnee schlagen und mit der zerlassenen Butter unter den Teig heben. Teig in die Form füllen und glatt streichen.
- Etwa 50 Minuten goldbraun backen, dann aus dem Ofen nehmen und 10 bis 15 Minuten in der Form ruhen lassen.
- Orangen- und Zitronensaft mit dem Zucker leicht erwärmen.
- Den Kuchen aus der Springform stürzen und das Backpapier abziehen. Oberfläche des Kuchens mit einem Holzstäbchen einstechen und mit dem Saft beträufeln, vor dem Servieren mit Puderzucker bestreuen.

Streuselkuchen
Zutaten für ein Backblech

Für den Teig:
300 ml Milch
50 g Butter
2 Eier
2 TL Salz
1 MSP gemahlene Vanille oder ausgekratztes Vanillemark
abgeriebene Schale einer unbehandelten Zitrone
150 g Kartoffelstärke
150 g Reismehl
150 g Tapioka
100 g Masa Harina (spezielles Maismehl, siehe Seite 20)
150 g Zucker
5 g Johannisbrotkernmehl
1 Päckchen Trockenbackhefe
etwas Reis- oder Kartoffelmehl

Für die Streusel:
250 g Butter
200 g Zucker
200 g Reismehl
200 g Maismehl
250 g gemahlene Mandeln
½ TL gemahlene Vanille oder ausgekratztes Vanillemark
2 TL Salz
2 TL Zimtpulver

Für das Backblech:
Öl

- Milch, Butter, Eier und Salz in den Backautomaten füllen. Vanille und Zitronenschale dazugeben und anschließend die Mehle einwiegen. Zum Schluss Zucker und Hefe darüberstreuen. Den Backautomaten auf »Teigzubereitung« programmieren und den Teig vom Automaten mischen und kneten lassen.
- Wer den Hefeteig von Hand mischen und kneten möchte, richtet sich nach der Anweisung auf Seite 44.
- Ein Backblech einölen, den fertigen Teig gleichmäßig darauf verteilen und mit einer dünnen Schicht Reis- oder Kartoffelmehl bestäuben. Anschließend den Teig auf dem Blech zum Gehen in den Backofen bei höchstens 50 °C (Ober- und Unterhitze) und spaltbreit geöffneter Ofentür (einen Kochlöffel zwischen Tür und Rahmen klemmen) oder mit einem sauberen Geschirrtuch bedeckt an einen warmen Ort stellen. Den Teig mindestens 30 Minuten gehen lassen.
- In der Zwischenzeit die Streusel zubereiten: Die Butter mit dem Zucker schaumig rühren, Mehle, gemahlene Mandeln und Gewürze dazugeben und zu einer krümeligen Masse verkneten.
- Nach der Ruhezeit das Blech mit dem Teig gegebenenfalls aus dem Ofen nehmen und den Backofen auf 180 °C (Ober- und Unterhitze) vorheizen.
- Die Streusel gleichmäßig auf dem Teig verteilen und den Streuselkuchen anschließend etwa 25 Minuten backen.

Butterkuchen
Zutaten für ein Backblech

Für den Teig:
300 ml Milch
50 g Butter
2 Eier
2 TL Salz
1 MSP gemahlene Vanille oder ausgekratztes Vanillemark
abgeriebene Schale einer unbehandelten Zitrone
150 g Kartoffelstärke
150 g Reismehl
150 g Tapioka
100 g Masa Harina (spezielles Maismehl, siehe Seite 20)
150 g Zucker
5 g Johannisbrotkernmehl
1 Päckchen Trockenbackhefe

Für den Belag:
125 g weiche Butter
200 g Zucker
½ TL gemahlene Vanille oder ausgekratztes Vanillemark
1 TL Zimtpulver
4 EL Milch
250 g Mandelblättchen

Für den Guss:
125 g Butter

Für das Backblech:
Öl

- Milch, Butter, Eier und Salz in den Backautomaten füllen. Die Vanille und die Zitronenschale dazugeben und anschließend die Mehle einwiegen. Zum Schluss Zucker und Hefe darüberstreuen. Den Backautomaten auf »Teigzubereitung« programmieren und den Teig vom Automaten mischen und kneten lassen.
- Wer den Hefeteig von Hand mischen und kneten möchte, richtet sich nach der Anweisung auf Seite 44.
- Ein Backblech mit Öl bestreichen, den fertigen Teig gleichmäßig darauf verteilen und mit einer dünnen Schicht Reis- oder Kartoffelstärke bestäuben. Anschließend den Teig auf dem Blech zum Gehen in den Backofen bei höchstens 50 °C (Ober- und Unterhitze) und spaltbreit geöffneter Ofentür (einen Kochlöffel zwischen Tür und Rahmen klemmen) oder mit einem sauberen Geschirrtuch bedeckt an einen warmen Ort stellen. Den Teig mindestens 30 Minuten gehen lassen.
- Nach der Ruhezeit das Blech mit dem Teig gegebenenfalls aus dem Ofen nehmen und den Backofen auf 180 °C (Ober- und Unterhitze) vorheizen. Wenn die Backtemperatur erreicht ist, den Kuchen etwa 10 Minuten backen.
- Währenddessen den Belag vorbereiten: Die weiche Butter mit Zucker, Vanille, Zimt und Milch verrühren.
- Die Mischung zügig auf dem heißen Kuchen verteilen und die Mandelblättchen darüberstreuen. Den Kuchen weitere 10 bis 15 Minuten backen.
- Wenn der Kuchen fertig ist, Butter zerlassen und auf dem Kuchen verteilen. Butterkuchen entfaltet nur frisch sein köstliches Aroma, also am besten noch warm servieren.

Englischer Teekuchen
Zutaten für eine Kastenform, Länge 30 Zentimeter

Am Abend vorher beginnen
100 g Rosinen
100 g Feigen
100 g Aprikosen
100 g Datteln
100 g Pinienkerne
abgeriebenen Schale und Saft einer unbehandelten Orange
150 g Roh-Rohrzucker
5 EL Weinbrand
1 EL brauner Rum
3 Eier
50 g Maisstärke
50 g Kartoffelstärke
25 g Maismehl
1 TL Weinsteinbackpulver

- Die Trockenfrüchte klein schneiden und mit den Pinienkernen, der Orangenschale, dem Orangensaft und zwei Esslöffeln des Zuckers in eine Schüssel geben. Die Früchte mit Weinbrand und Rum beträufeln und über Nacht ziehen lassen.
- Den Backofen auf 160 °C (Umluft) vorheizen und eine große Kastenform mit Backpapier auslegen.
- Die Eier mit dem restlichen Zucker mehrere Minuten lang schaumig rühren, dann die Mehle und das Backpulver untermischen.
- Die durchgezogenen Trockenfrüchte mit dem Teig mischen und in die vorbereitete Kastenform füllen.
- Den Früchtekuchen 60 bis 70 Minuten backen und zum Abkühlen sofort aus der Form auf ein Kuchengitter stürzen.

Muffins vom Feinsten

Muffins mag jeder. Denn das köstliche Gebäck ist an Vielseitigkeit nicht zu übertreffen: Man kann jedes glutenfreie Mehl benutzen und alle möglichen Früchte, Nüsse, Schokoladen und Gewürze dazugeben. Ganz individuell.

Kinder lieben die Papierförmchen, die man vorsichtig abzieht, um das leckere Küchlein verspeisen zu können. Zum Mittelpunkt jeder Kindergeburtstagsparty werden Muffins mit Dekor aus Zuckerguss, geraspelter Schokolade, Obststückchen, Nüssen, Schokolinsen oder Gummibärchen. Die Kinder werden Ihnen beim Backen und Dekorieren gerne helfen – ein Riesenspaß für alle kleinen und großen Kinder.

Aus fertigen Muffins lassen sich außerdem köstliche Mini-Törtchen herstellen. Schneiden Sie die Muffins hierfür ein- bis zweimal horizontal durch und füllen Sie sie mit Buttercreme, Sahne oder Marmelade. Für Einladungen zum Kaffeetrinken sind die kleinen Törtchen ideal. Ohne viel Aufwand haben Sie Ihre eigene Torte und bringen sich und Ihren Gastgeber nicht in Verlegenheit.

Und das Beste ist, dass sich fertige Muffins besonders gut einfrieren lassen, am besten ohne Füllung und Dekor. Kaufen Sie einfach die größten Gefrierbeutel, die Sie finden können. Die Muffins frieren nicht zusammen und Sie haben immer etwas Leckeres zum Mitnehmen oder für eine gemütliche Kaffeepause zu Hause. Muffins lassen sich in der Mikrowelle oder im Backofen in wenigen Minuten auftauen. Wenn man sie in das Büro oder die Schule mitnimmt, sind sie aber auch ohne technische Hilfsmittel bis zur Pause verzehrfertig.

 Backen Sie am besten gleich einen größeren Vorrat an Muffins und schaffen Sie sich hierfür mindestens zwei Muffinbleche an.

Lassen Sie sich von meinen Favoriten auf den nächsten Seiten inspirieren und backen Sie Ihre persönliche Lieblingskreation.

Schokomuffins
Zutaten für zwölf Muffins

Zwei Muffinbleche mit jeweils sechs Vertiefungen

125 g Butter
125 g Puderzucker
1 MSP gemahlene Vanille oder ausgekratztes Vanillemark
2 Eier
50 g Kakaopulver
50 g Maismehl
50 g Reismehl
50 g Maisstärke
50 g Kartoffelstärke
1 Päckchen Weinsteinbackpulver
100 ml Milch
100 g Schokoladentropfen oder klein gehackte Zartbitterschokolade

- Den Backofen auf 160 °C (Umluft) vorheizen und die Förmchen von zwei Muffinblechen mit Papiermanschetten ausstatten.
- Die Butter mit dem Puderzucker und der Vanille schaumig rühren. Die Eier dazugeben und mehrere Minuten lang unterrühren.
- Das Kakaopulver, die Mehle und das Backpulver mischen und portionsweise unter die Schaummasse rühren. Zwischendurch portionsweise die Milch dazugeben.
- Die Schokoladentropfen unter den Teig mischen und die Muffinförmchen jeweils zu zwei Dritteln mit dem Teig füllen.
- Muffins 20 Minuten backen.

Wenn noch etwas Teig übrig ist, aber schon alle verfügbaren Muffinbleche gefüllt sind oder man Muffinrezepte einfach mal ohne Blech ausprobieren möchte, kann man sich mit Papiermanschetten behelfen. Am besten mindestens zwei Papierförmchen zusammenstecken, auf ein normales Backblech stellen und den Teig einfüllen. Die Muffins dehnen sich beim Backen dann allerdings in die Breite statt in die Höhe.

Stollenmuffins
Zutaten für vierundzwanzig Muffins

Vier Muffinbleche mit jeweils sechs Vertiefungen

500 g Rosinen
20 ml Rum
400 ml Wasser
3 TL Salz
100 g Maisstärke
100 g Reismehl
100 g Kartoffelstärke
50 g Masa Harina (spezielles Maismehl, siehe Seite 20)
5 g Johannisbrotkernmehl
250 Roh-Rohrzucker
25 g Milchpulver
1 Päckchen Vanillezucker
abgeriebene Schale einer unbehandelten Zitrone
100 g gemahlene Mandeln
150 g Butter

- Rosinen im Rum ziehen lassen.
- Den Backofen auf 160 °C (Umluft) vorheizen und die Förmchen von vier Muffinblechen mit Papiermanschetten ausstatten.
- Wasser und Salz in die Form des Brotbackautomaten füllen, die Mehle und den Zucker einwiegen und zum Schluss Milchpulver, Vanillezucker und Zitronenschale darübergeben. Den Backautomaten auf »Teigzubereitung« oder »Pizza-Programm« einstellen und den Teig von der Maschine mischen und kneten lassen.
- Anschließend Mandeln und Butter dazugeben und den Teig nochmals von der Maschine bearbeiten lassen (eingestellt auf »Teigzubereitung« oder »Pizza-Programm«).
- Zum Schluss die Rosinen zum Teig geben, kurz unterkneten und den Teig sofort jeweils bis zum Rand in die Muffinförmchen füllen.
- 25 Minuten im Ofen backen.

Zucchinimuffins
Zutaten für zwölf Muffins

Zwei Muffinbleche mit jeweils sechs Vertiefungen

150 g Butter
80 g Roh-Rohrzucker
2 EL Vanillezucker
1 Prise Salz
1 MSP Zimtpulver
abgeriebene Schale einer unbehandelten Zitrone
4 Eier
80 g Kartoffelstärke
80 g Reismehl
50 g Maismehl
1 TL Weinsteinbackpulver
100 g gemahlene Haselnüsse
300 g geriebene Zucchini

- Den Backofen auf 160 °C (Umluft) vorheizen und die Förmchen von zwei Muffinblechen mit Papiermanschetten bestücken.
- Die Butter mit Rohrzucker und Vanillezucker cremig rühren.
- Salz, Zimt und Zitronenschale dazugeben und die Eier nacheinander (jeweils zwei Stück zusammen) jeweils mehrere Minuten lang unterrühren.
- Die Mehle, das Backpulver, die gemahlenen Nüsse und die Zucchini unter die Schaummasse mischen und die Muffinförmchen jeweils zu zwei Dritteln mit Teig füllen.
- Die Muffins etwa 20 Minuten backen.

Schoko-Kirsch-Muffins
Zutaten für zwölf Muffins

Zwei Muffinbleche mit jeweils sechs Vertiefungen

150 g Butter
60 g Zucker
4 EL Vanillezucker
4 Eier
60 g Kartoffelstärke
60 g Maisstärke
60 g Buchweizenmehl
60 g Reismehl
1 TL Weinsteinbackpulver
100 g Schokoladentropfen oder klein gehackte Zartbitterschokolade
370 g gut abgetropfte Kirschen aus dem Glas (Abtropfgewicht 370 g)

- Den Backofen auf 160 °C (Umluft) vorheizen und die Förmchen von zwei Muffinblechen mit Papiermanschetten bestücken.
- Die Butter mit Zucker und Vanillezucker cremig rühren.
- Die Eier nacheinander (jeweils zwei Stück zusammen) dazugeben und jeweils mehrere Minuten lang cremig rühren.
- Die Mehle, das Backpulver und die Schokoladentropfen nacheinander zur Schaummasse geben und unterrühren.
- Zuletzt die Kirschen dazugeben.
- Die Muffinförmchen jeweils zu drei Vierteln mit Teig füllen und die Muffins etwa 20 Minuten backen.

Apfel-Zimt-Muffins
Zutaten für zwölf Muffins

Zwei Muffinbleche mit jeweils sechs Vertiefungen

3 Äpfel
1 EL Zitronensaft
100 g Butter
60 g Roh-Rohrzucker
1 MSP gemahlene Vanille oder ausgekratztes Vanillemark
1 MSP Zimtpulver
4 Eier
150 g Schmand
80 g Kartoffelstärke
80 g Reismehl
80 g Maismehl
1 gestrichener TL Weinsteinbackpulver

- Den Backofen auf 160 °C (Umluft) vorheizen und die Förmchen von zwei Muffinblechen mit Papiermanschetten bestücken.
- Die Äpfel entkernen, in kleine Würfel schneiden und mit Zitronensaft beträufeln.
- Die Butter mit Rohrzucker, Vanille und Zimt cremig rühren.
- Die Eier nacheinander (jeweils zwei Stück zusammen) zur Butter-Zucker-Masse geben und jeweils mehrere Minuten lang cremig rühren.
- Den Schmand, die Mehle, das Backpulver und die vorbereiteten Äpfel zur Schaummasse geben und unterrühren.
- Die Muffinförmchen jeweils zu drei Vierteln mit Teig füllen und die Muffins etwa 20 Minuten backen.

Bananen-Walnuss-Muffins
Zutaten für zwölf Muffins

Zwei Muffinbleche mit jeweils sechs Vertiefungen

150 g Butter
100 g Roh-Rohrzucker
1 MSP Zimtpulver
1 MSP frisch geriebener Ingwer
4 Eier
3 reife Bananen
60 g Kartoffelstärke
60 g Reismehl
60 g Maismehl
½ TL Natron
1 TL Weinsteinbackpulver
100 g gehackte Walnüsse

- Den Backofen auf 160 °C (Umluft) vorheizen und die Förmchen von zwei Muffinblechen mit Papiermanschetten bestücken.
- Die Butter mit Rohrzucker, Zimt und Ingwer cremig rühren.
- Die Eier nacheinander (jeweils zwei Stück zusammen) zur Butter-Zucker-Masse geben und jeweils mehrere Minuten lang cremig rühren.
- Die Bananen mit einer Gabel zerdrücken und zur Schaummasse geben.
- Die Mehle, das Natron, das Backpulver und die Walnüsse nacheinander dazugeben und unterrühren.
- Die Muffinförmchen bis zwei Zentimeter unter den Rand mit Teig füllen und die Muffins etwa 20 Minuten backen.

Blaubeer-Joghurt-Muffins
Zutaten für zwölf Muffins

Zwei Muffinbleche mit jeweils sechs Vertiefungen

100 g Butter
60 g Roh-Rohrzucker
1 MSP gemahlene Vanille oder ausgekratztes Vanillemark
4 Eier
150 g Joghurt
80 g Kartoffelstärke
80 g Reismehl
80 g Buchweizenmehl
1 TL Weinsteinbackpulver
250 g frische oder tiefgekühlte Blaubeeren

- Den Backofen auf 160 °C (Umluft) vorheizen und die Förmchen von zwei Muffinblechen mit Papiermanschetten bestücken.
- Die Butter mit Rohrzucker und Vanille cremig rühren.
- Die Eier nacheinander (jeweils zwei Stück zusammen) zur Butter-Zucker-Masse geben und jeweils mehrere Minuten lang cremig rühren.
- Den Joghurt, die Mehle und das Backpulver nacheinander zur Schaummasse geben und unterrühren.
- Zum Schluss die Blaubeeren dazugeben. Die Muffinförmchen bis zwei Zentimeter unter den Rand mit dem Teig füllen und die Muffins etwa 20 Minuten backen.

Möhren-Orangen-Muffins
Zutaten für zwölf Muffins

Zwei Muffinbleche mit jeweils sechs Vertiefungen

150 g Butter
80 g Roh-Rohrzucker
2 EL Vanillezucker
4 Eier
80 g Kartoffelstärke
80 g Reismehl
50 g Maismehl
1 TL Weinsteinbackpulver
abgeriebene Schale von 2 unbehandelten Orangen
300 g geriebene Möhren

- Den Backofen auf 160 °C (Umluft) vorheizen und die Förmchen von zwei Muffinblechen mit Papiermanschetten bestücken.
- Die Butter mit Rohrzucker und Vanillezucker cremig rühren.
- Die Eier nacheinander (jeweils zwei Stück zusammen) zu der Butter-Zucker-Masse geben und jeweils mehrere Minuten lang cremig rühren.
- Die Mehle, das Backpulver, die Orangenschale und die Möhren nacheinander zur Schaummasse geben und unterrühren.
- Die Muffinförmchen jeweils zu drei Vierteln mit Teig füllen und die Muffins etwa 20 Minuten backen.

Sehr lecker sind die Möhren-Orangen-Muffins übrigens auch mit einem Rahmguss: Dafür einfach 150 g Schmand mit zwei Esslöffeln Honig, einem Eigelb und einem Esslöffel Maisstärke glatt rühren. Jeweils einen Esslöffel Rahmguss auf einen Muffin geben und wie angegeben backen.

Hirse-Feigen-Muffins
Zutaten für zwölf Muffins

Zwei Muffinbleche mit jeweils sechs Vertiefungen

50 g Buchweizenmehl
50 g Maisstärke
50 g Reismehl ·
50 g Maismehl
100 g Hirseflocken
5 g Guarkernmehl
2 TL Weinsteinbackpulver
½ TL Natron
200 g fein gehackte getrocknete Feigen
100 g Honig
1 Ei
3 EL Speiseöl
300 ml Milch

- Förmchen von zwei Muffinblechen mit Papiermanschetten bestücken. Ofen auf 160 °C (Umluft) vorheizen.
- Alle trockenen Zutaten in einer großen Schüssel mischen und eine Mulde in der Mitte formen.
- Honig, Ei, Öl und Milch in die Mitte geben und mit den trockenen Zutaten verrühren.
- Muffinförmchen bis zwei Zentimeter unter den Rand mit dem Teig füllen.
- Muffins etwa 20 Minuten goldbraun backen, 5 Minuten in den Formen abdampfen lassen und danach auf ein Kuchengitter stürzen.

Ananasmuffins
Zutaten für zwölf Muffins

Zwei Muffinbleche mit jeweils sechs Vertiefungen

100 g Butter
60 g Roh-Rohrzucker
1 MSP gemahlene Vanille oder ausgekratztes Vanillemark
4 Eier
150 g Schmand
80 g Kartoffelstärke
80 g Reismehl
80 g Maismehl
1 TL Weinsteinbackpulver
360 g klein geschnittene Ananas, frisch oder abgetropft aus dem Glas

- Den Backofen auf 160 °C (Umluft) vorheizen und die Förmchen von zwei Muffinblechen mit Papiermanschetten bestücken.
- Die Butter mit Rohrzucker und Vanillezucker cremig rühren.
- Die Eier nacheinander (jeweils zwei Stück zusammen) zur Butter-Zucker-Masse geben und jeweils mehrere Minuten lang cremig rühren.
- Den Schmand, die Mehle und das Backpulver nacheinander zur Schaummasse geben und unterrühren.
- Zum Schluss die Ananasstücke dazugeben.
- Die Muffinförmchen zu jeweils drei Vierteln mit Teig füllen und die Muffins etwa 20 Minuten backen.

Haselnuss-Holunder-Muffins
Zutaten für zwölf Muffins

Zwei Muffinbleche mit jeweils sechs Vertiefungen

250 g Holunderbeeren
2 Eier
120 g Honig
150 g Joghurt
50 ml Sonnenblumenöl
abgeriebene Schale einer unbehandelten Zitrone
1 MSP gemahlene Vanille oder ausgekratztes Vanillemark
1 Prise Salz
50 g Buchweizenmehl
50 g Reismehl
50 g Kartoffelstärke
50 g Maisstärke
100 g gemahlene Haselnüsse
1 Päckchen Weinsteinbackpulver

- Die Holunderbeeren von den Stielen abstreifen, waschen und verlesen.
- Den Backofen auf 160 °C (Umluft) vorheizen und die Förmchen von zwei Muffinblechen mit Papiermanschetten bestücken.
- Die Eier mit Honig, Joghurt, Öl, Zitronenschale, Vanille und Salz verquirlen.
- Die Mehle, die gemahlenen Haselnüsse und das Backpulver zur Schaummasse geben, mischen und zum Schluss die vorbereiteten Holunderbeeren dazugeben.
- Die Muffinförmchen bis einen Zentimeter unter den Rand mit dem Teig füllen und die Muffins 20 Minuten backen.

Johannisbeer-Polenta-Muffins
Zutaten für zwölf Muffins

Zwei Muffinbleche mit jeweils sechs Vertiefungen

300 g Johannisbeeren
150 g Butter
100 g Zucker
1 Prise Salz
abgeriebene Schale einer unbehandelten Zitrone
2 Eier
50 g Kartoffelstärke
50 g Reismehl
100 g Maisgrieß
2 TL Weinsteinbackpulver

Zum Bestäuben:
Puderzucker

- Die Johannisbeeren von den Stielen zupfen, verlesen und waschen.
- Den Backofen auf 160 °C (Umluft) vorheizen und die Förmchen von zwei Muffinblechen mit Papiermanschetten ausstatten.
- Die Butter mit Zucker, Salz und Zitronenschale mehrere Minuten lang schaumig rühren.
- Die Eier ebenfalls jeweils einige Zeit unterrühren, dann die Mehle und das Backpulver mit der Schaummasse mischen.
- Zum Schluss die Johannisbeeren vorsichtig unterheben.
- Die Muffinförmchen zu zwei Dritteln mit Teig füllen und die Muffins 20 Minuten backen.
- Vor dem Servieren mit Puderzucker bestäuben.

> Eine Baiserhaube kann einfache Obstmuffins verfeinern: Einfach zwei Eiweiße mit einer Prise Salz fast steif schlagen, einen Esslöffel Zucker dazugeben und fertig schlagen. Wenn die Backzeit der Muffins zur Hälfte um ist, auf jedes Törtchen einen Esslöffel der Baisermasse geben und fertig backen.

Grünteemuffins
Zutaten für zwölf Muffins

Zwei Muffinbleche mit jeweils sechs Vertiefungen

15 g grüner Tee
100 ml warmes, nicht mehr kochendes Wasser
100 g Butter
60 g Roh-Rohrzucker
4 Eier
1 MSP gemahlene Vanille oder ausgekratztes Vanillemark
1 TL frisch geriebener Ingwer
150 g Joghurt
100 g Kartoffelstärke
100 g Reismehl
100 g Maismehl
1 gestrichener TL Weinsteinbackpulver

- Den Backofen auf 160 °C (Umluft) vorheizen und zwei Muffinbleche mit Papiermanschetten ausstatten.
- Den Grüntee mit dem nicht mehr kochenden Wasser überbrühen, 3 Minuten ziehen lassen und abseihen.
- Die Butter zerlassen, den Zucker dazugeben und mehrere Minuten rühren, bis eine cremige Masse entstanden ist.
- Die Eier nacheinander (jeweils zwei Stück zusammen) zur Butter-Zucker-Masse geben und jeweils mehrere Minuten lang verquirlen. Vanille, Ingwer und den Tee zur Schaummasse geben und unterrühren.
- Den Joghurt, die Mehle und das Backpulver dazugeben und verrühren.
- Die Muffinförmchen zu zwei Dritteln mit dem Teig füllen und die Muffins etwa 20 Minuten backen.

Ein frisch gepflücktes Teeblatt schmeckt bitter – die feinen Nuancen erhält Tee erst durch die Verarbeitung. **Grüner Tee** behält einige Qualitäten des frischen Blattes, weil die Blätter unmittelbar nach der Ernte oder einer sehr kurzen Trocknung nur kurz über kochendem Wasser gedämpft oder kurz geröstet werden.

Kokosmuffins
Zutaten für zwölf Muffins

Zwei Muffinbleche mit jeweils sechs Vertiefungen

2 Eier
150 g Zucker
80 g Butter
200 g Crème fraîche
3 Kartoffeln
150 g Kokosraspel
1 Prise Salz
1 MSP gemahlene Vanille oder ausgekratztes Vanillemark
Saft und abgeriebene Schale einer unbehandelten Zitrone
50 g Maniokmehl (süß)
50 g Tapioka
50 g Maisstärke
50 g Maismehl
2 TL Weinsteinbackpulver

- Den Backofen auf 160 °C (Umluft) vorheizen und zwei Muffinbleche mit Papiermanschetten bestücken.
- Die Eier mit dem Zucker mehrere Minuten lang schaumig rühren.
- Die Butter zerlassen, mit der Crème fraîche verrühren und zur Eier-Zucker-Masse geben.
- Die Kartoffeln schälen, fein raspeln und mit den Kokosraspeln zur Schaummasse geben.
- Anschließend nacheinander das Salz, die Vanille, Zitronensaft und-schale, die Mehle und das Backpulver untermischen.
- Die Muffinförmchen zu zwei Dritteln mit dem Teig füllen und 20 Minuten backen.

Pfannkuchen und Waffeln

Pfannkuchen und Waffeln, ein Thema, an dem man nicht vorbeikommt. Jeder kennt sie, jeder liebt sie und vor allem – jeder vermisst sie.

Pfannkuchen sind vielfältig, wunderbar, sie sind etwas Besonderes. Sie bilden die perfekte Grundlage für eine unglaubliche Vielfalt an Gerichten. Sie können wie eine Pizza mit Gemüse belegt oder wie Tortillas gefüllt und mit Käse überbacken werden. Am beliebtesten sind jedoch die süßen Varianten mit Marmeladen, Nussnougatcreme oder Obst. Als Dessert oder Nachmittagskreationen können sie belegt oder gerollt werden, mit Sahne und Vanillesauce dekoriert werden. Damit wird die Gaumenfreude auch zum Augenschmaus.

Waffeln sind auf Kindergeburtstagen oder auf Feiern immer eine Abwechslung. Sie können ohne viel Aufwand in großen Mengen hergestellt werden und bieten auch den Kleinsten die Möglichkeit, eine Feier mit vorzubereiten. Waffeln sind nicht nur ein Genuss, sondern auch eine gute Möglichkeit, mit Kinder zu backen.

Die Kreationen, die mit Pfannkuchen, Crêpes und Waffeln möglich sind, lassen sich gar nicht alle aufzählen und werden nur durch Ihre Fantasie beschränkt. Eines ist ganz sicher nicht zu leugnen – ohne sie wäre das Leben um eine Annehmlichkeit ärmer: Gibt es einen besseren Start in den Tag als frische Pfannkuchen?

Also, ausprobieren, genießen und das Leben von seiner schönsten Seite erleben.

 Waffeln, die am Waffeleisen kleben bleiben, sind noch nicht fertig gebacken oder das Waffeleisen wurde nicht ausreichend eingefettet.
Waffeln sollten nach dem Backen erst auf einem Kuchenrost auskühlen, bevor sie aufeinandergestapelt werden. Heiß aufeinandergetürmt werden sie weich und gummiartig.

Sandwaffeln
Zutaten für vierundzwanzig Waffeln

Mit einem normalen Herzchen-Waffeleisen

Für den Teig:
250 g Butter
200 g Zucker
abgeriebene Schale einer unbehandelten Zitrone
1 Prise Salz
4 Eier
100 g Maisstärke
100 g Kartoffelstärke
50 g Maismehl

Zum Bestreuen:
Puderzucker

Für das Waffeleisen:
gegebenenfalls etwas Butter

- Butter und Zucker cremig rühren.
- Zitronenschale und Salz dazugeben und die Eier nacheinander (jeweils zwei Stück zusammen) unterrühren, zum Schluss die Mehle löffelweise in die Schaummasse rühren.
- Das Waffeleisen nach Bedienungsanleitung vorheizen, gegebenenfalls etwas einfetten und die Waffeln goldgelb backen.
- Sofort nach dem Backen mit Puderzucker bestreuen.

Aniswaffeln
Zutaten für achtundzwanzig Waffeln

Mit einem normalen Herzchen-Waffeleisen

Für den Teig:
250 ml Milch
3 Eier
125 g Butter
1 Prise Salz
2 TL Anispulver
100 g Maisstärke
100 g Kartoffelstärke
100 g Reismehl
80 g Masa Harina (spezielles Maismehl, siehe Seite 20)
5 g Guarkernmehl
100 g Zucker
1 Päckchen Trockenbackhefe

Zum Bestreuen:
Puderzucker

Für das Waffeleisen:
gegebenenfalls etwas Butter

- Milch, Eier, Butter, Salz und Anis in die Form des Backautomaten geben. Die Mehle daraufgeben und mit Zucker und Hefe bestreuen. Den Backautomaten auf »Teigzubereitung« oder »Nur-Teig-Programm« einstellen und den Waffelteig vom Automaten zubereiten lassen.
- Das Waffeleisen nach Bedienungsanleitung vorheizen, gegebenenfalls etwas einfetten.
- Dann goldgelbe Waffeln backen und noch heiß mit Puderzucker bestreuen.

Zimtwaffeln
Zutaten für vierundzwanzig Waffeln

Mit einem normalen Herzchen-Waffeleisen

Für den Teig:
125 g Butter
50 g Zucker
1 TL Zimtpulver
1 EL Rum nach Belieben
2 Eier
100 g Maisstärke
100 g Kartoffelstärke
50 g Maismehl
1 TL Weinsteinbackpulver
500 ml Wasser

Zum Bestreuen:
Puderzucker

Für das Waffeleisen:
gegebenenfalls etwas Butter

- Butter, Zucker, Zimt, Rum nach Belieben und Eier schaumig rühren.
- Mehle mit dem Backpulver mischen und nach und nach unter Zugabe des Wassers in die Schaummasse rühren, so dass ein dickflüssiger Teig entsteht.
- Das Waffeleisen nach Bedienungsanleitung vorheizen, gegebenenfalls etwas einfetten.
- Goldgelbe Waffeln backen und sofort mit Puderzucker bestreuen.

 Waffeln und Pfannkuchen werden besonders zart und locker, wenn bei der Zubereitung Mineralwasser mit viel Kohlensäure anstelle von normalem Wasser verarbeitet wird.

Apfelwaffeln
Zutaten für vierundzwanzig Waffeln

Mit einem normalen Herzchen-Waffeleisen

Für den Teig:
250 g Butter
75 g Roh-Rohrzucker
4 Eier
100 g Reismehl
100 g Maisstärke
50 g Maismehl
125 ml Milch
300 g Äpfel
50 g gemahlene Haselnüsse
½ TL Zimtpulver
1 TL Weinsteinbackpulver

Für das Waffeleisen:
gegebenenfalls etwas Butter

- Die Butter mit dem Zucker in eine Rührschüssel geben und cremig schlagen.
- Dann die Eier nacheinander (jeweils zwei Stück zusammen) zur Butter-Zucker-Masse geben und jeweils mehrere Minuten unterarbeiten.
- Abwechselnd einige Löffel der Mehle und etwas Milch zum Teig geben und verarbeiten, bis die gesamte Mehl- und Milchmenge untergearbeitet ist.
- Die Äpfel schälen, fein raspeln und mit Haselnüssen, Zimt und Backpulver unter den Teig rühren.
- Das Waffeleisen nach Bedienungsanleitung vorheizen, gegebenenfalls etwas einfetten und Waffeln ausbacken.

Tofuwaffeln
Zutaten für zwölf Waffeln

Mit einem normalen Herzchen-Waffeleisen

Für den Teig:
50 g Butter
250 ml Wasser
100 g Maisstärke
100 g Kartoffelstärke
50 g Maismehl
½ TL Weinsteinbackpulver
½ TL Kümmel
100 g klein gewürfelter Räuchertofu

Für das Waffeleisen:
gegebenenfalls etwas Butter

- Butter zerlassen und mit Wasser und den Mehlen zu einem glatten Teig verarbeiten.
- Zum Schluss Backpulver, Kümmel und Tofuwürfel unterrühren.
- Das Waffeleisen nach Bedienungsanleitung vorheizen, gegebenenfalls etwas einfetten und goldgelbe Waffeln backen.

Knusperwaffeln
Zutaten für acht Waffeln

Mit einem Belgischen Waffeleisen

Für den Teig:
4 Eier
1 Prise Salz
120 g Butter
120 g Zucker
1 MSP gemahlene Vanille oder ausgekratztes Vanillemark
100 g Maisstärke
100 g Kartoffelstärke
50 g Maismehl

Für das Waffeleisen:
gegebenenfalls etwas Butter

- Die Eier trennen, das Eiweiß mit Salz steif schlagen und kalt stellen.
- Die Butter zerlassen und mit Zucker und Vanille schaumig rühren.
- Dann die Eigelbe zur Butter-Zucker-Masse geben und mehrere Minuten lang unterrühren.
- Anschließend die Mehle unterarbeiten. Zuletzt den Eischnee zum Teig geben und vorsichtig mit dem Schneebesen unterheben.
- Die Waffeln nach der Betriebsanleitung des Belgischen Waffeleisens backen.

 Abgeriebene Schale einer unbehandelten Zitrone zum Teig geben.

Schlemmerwaffeln
Zutaten für acht Waffeln

Mit einem Belgischen Waffeleisen

Für den Teig:
150 g Butter
80 g Zucker
1 MSP gemahlene Vanille oder ausgekratztes Vanillemark
1 EL Rum oder Orangensaft
4 Eier
100 g Kartoffelstärke
100g Maisstärke
50 g Maismehl
250 ml Wasser
etwas Milch
100 g gemahlene Mandeln
1 TL Weinsteinbackpulver

Für das Waffeleisen:
gegebenenfalls etwas Butter

- Die Butter in eine Rührschüssel geben und mit dem Zucker, der Vanille und dem Rum oder Orangensaft cremig rühren.
- Die Eier nacheinander (jeweils zwei Stück zusammen) zur Butter-Zucker-Masse geben und jeweils mehrere Minuten lang unterrühren.
- Kartoffelstärke, Maisstärke und Maismehl mischen. Abwechselnd löffelweise die Mehlmischung, das Wasser und etwas Milch zur Schaummasse geben und verarbeiten, bis die gesamte Mehl- und Flüssigkeitsmenge untergearbeitet ist.
- Dann die Mandeln und das Backpulver untermischen.
- Das Waffeleisen nach Bedienungsanleitung vorheizen, gegebenenfalls etwas einfetten und Waffeln ausbacken.

Pfannkuchen
Zutaten für sechs Pfannkuchen

Für den Teig:
4 Eier
100 g Kartoffelstärke
100 g Maisstärke
50 g Maismehl
5 g Guarkernmehl
50 g Zucker
1 Prise Salz
200 – 300 ml Milch

Zum Braten:
Sonnenblumenöl

- Die Eier schaumig rühren und die Mehle dazugeben. Rühren, bis keine Mehlklümpchen mehr zu sehen sind.
- Zucker und Salz zum Teig geben und untermischen. So viel Milch zum Teig geben, bis der Teig flüssig genug ist, um sich rasch in der Pfanne zu verteilen.
- Sehr einfach lassen sich Pfannkuchen in einer antihaftbeschichteten Pfanne braten. Pro Pfannkuchen einen Teelöffel Sonnenblumenöl in die Pfanne geben und die Herdplatte bei mittlerer Hitze betreiben – so kann der Pfannkuchen garen, ohne gleich zu verbrennen.

> Am besten ist Pfannkuchenteig, wenn er mindestens eine Stunde vorher zubereitet wird und im Kühlschrank quellen kann. Wenn der Teig dadurch etwas fester wird, einfach noch etwas Milch oder Wasser zum Teig geben, bis er wieder fließt und sich gut in der Pfanne verteilt.

Crêpes
Zutaten für zehn Crêpes

Für den Teig:
30 g Butter
50 g Maisstärke
50 g Kartoffelstärke
25 g Maismehl
250 ml Milch
1 Ei

Zum Braten:
Butter

- Die Butter zerlassen.
- Flüssige Butter und die übrigen Zutaten in einer hohen Rührschüssel miteinander verrühren, bis keine Klümpchen mehr im Teig sind.
- Den fertigen Teig mindestens 30 Minuten kalt stellen, damit die Mehle ausquellen können.
- Die Crêpes mit jeweils einem Teelöffel Butter in einer beschichteten Pfanne goldbraun backen.

Die französischen **Crêpes** sind dünne Pfannkuchen, die in einer flachen Pfanne gebacken und lecker gefüllt werden. Eine gute Crêpe muss ganz dünn und hauchzart sein. Das erreicht man, indem man den Teig nach der Zubereitung stehen lässt, damit die Luftbläschen, die beim Anrühren entstehen, entweichen können. Im Gegensatz zum Pfannkuchenteig enthält Crêpeteig zerlassene Butter, die die Bildung von Poren im Teig ebenfalls hemmt – und den fertigen Crêpes natürlich ihr zart-schmelzendes Aroma verleiht.

Berliner
Zutaten für zwölf Berliner

Für den Teig:
250 ml Buttermilch
4 Eier
1 TL Salz
100 g Reismehl
100 g Tapioka
100 g Kartoffelstärke
100 g Masa Harina (spezielles Maismehl, siehe Seite 20)
10 g Guarkernmehl
100 g Zucker
1 MSP gemahlene Vanille oder ausgekratztes Vanillemark
1 Päckchen Trockenbackhefe

Zum Ausbacken:
250 g Frittierfett wie Kokosfett, Butterschmalz, Erdnuss- oder Palmöl

Für die Füllung:
150 g Himbeermarmelade

Zum Wälzen:
1 EL Zimtpulver
50 g Zucker

- Buttermilch, Eier und Salz in den Backautomaten geben, dann die Mehle einwiegen. Zum Schluss den Zucker, die Vanille und die Hefe darübergeben und den Backautomaten auf »Teigzubereitung« programmieren. Den Teig vom Automaten mischen und kneten lassen.
- Wer den Hefeteig von Hand mischen und kneten möchte, richtet sich nach der Anweisung auf Seite 44.

- Frittierfett in einem flachen Bräter erhitzen, Teig mit zwei Esslöffeln in etwa tischtennisballgroße Portionen teilen und im Fett bei schwacher Hitze und geschlossenem Deckel etwa 2 Minuten pro Seite ausbacken. Das Fett hat die richtige Temperatur, wenn kleine Bläschen an einem ins Fett getauchten Kochlöffel aufsteigen.
- Die Himbeermarmelade kräftig glatt rühren und in eine Garniturspritze mit langer Tülle füllen. Die fertigen Berliner sofort mit Marmelade füllen und anschließend in Zimt und Zucker wälzen.

 Schmecken die fertigen Berliner fettig, war das Frittierfett nicht heiß genug. Ist das Fett nicht heiß genug, schließen sich die Poren an der Oberfläche des Teiges nicht sofort und das Gebäckstück saugt sich mit Fett voll.

Quarkkrapfen
Zutaten für zwanzig Quarkkrapfen

Für den Teig:
500 g Magerquark
2 Eier
1 Prise Salz
100 g Reismehl
100 g Kartoffelstärke
100 g Tapioka
50 g Masa Harina (spezielles Maismehl, siehe Seite 20)
5 g Guarkernmehl
100 g Zucker
1 Päckchen Trockenbackhefe
3 Äpfel
1 MSP gemahlene Vanille oder ausgekratztes Vanillemark
250 g Rosinen

Zum Ausbacken:
250 g Frittierfett wie Kokosfett, Butterschmalz, Erdnuss- oder Palmöl

Zum Wälzen:
50 g Zucker, Zimtpulver

- Magerquark, Eier und Salz in den Backautomaten geben, dann die Mehle einwiegen. Zum Schluss den Zucker und die Hefe darübergeben und den Backautomaten auf »Teigzubereitung« programmieren. Den Teig vom Automaten mischen und kneten lassen.
- Wer den Hefeteig von Hand mischen und kneten möchte, richtet sich nach der Anweisung auf Seite 44.
- Äpfel entkernen und klein würfeln.
- Unter den fertigen Teig Vanille, Rosinen und gewürfelte Äpfel mischen.
- Frittierfett in einem flachen Bräter erhitzen, Teig mit Esslöffeln in etwa 20 tischtennisballgroße Portionen teilen und im Fett bei schwacher Hitze und geschlossenem Deckel etwa 2 Minuten pro Seite ausbacken.
- Zimt und Zucker mischen. Die heißen Krapfen sofort darin wälzen.

Quinoa-Pfannkuchen
Zutaten für vier Pfannkuchen

Für den Teig:
100 g Quinoa
1 l Salzwasser
2 Eier
100 ml Milch
60 g Masa Harina (spezielles Maismehl, siehe Seite 20)
60 g Reismehl
Salz
Currypulver

Zum Braten:
Öl

- Quinoa in einem Sieb heiß abspülen, zusammen mit Salzwasser in einen Topf geben und aufkochen lassen. 20 Minuten garen lassen, anschließend durch ein Sieb abgießen und gut abtropfen lassen.
- Eier mit der Hälfte der Milch verrühren.
- Mehle unterrühren und die restliche Milch nach und nach zugießen.
- Salzen und mit Curry abschmecken.
- Quinoa unterheben.
- Eine beschichtete Pfanne erhitzen, mit etwas Öl ausstreichen und nacheinander aus dem Teig vier dünne Pfannkuchen backen.

Püfferchen
Zutaten für dreißig Püfferchen

Für den Teig:
500 ml Buttermilch
40 g Butter
4 Eier
1 Prise Salz
125 g Rosinen
200 g Tapioka
200 g Kartoffelstärke
200 g Reismehl
150 g Masa Harina (spezielles Maismehl, siehe Seite 20)
15 g Guarkernmehl
1 MSP gemahlene Vanille oder ausgekratztes Vanillemark
80 g Zucker
2 Päckchen Trockenbackhefe

Zum Ausbacken:
etwa 1 kg Frittierfett wie Kokosfett, Butterschmalz, Erdnuss- oder Palmöl

Zum Wälzen:
50 g Zucker
1 TL Zimtpulver

- Buttermilch, Butter, Eier und Salz in den Backautomaten einfüllen. Rosinen dazugeben und die Mehle einwiegen. Auf diese Zutaten Vanille, Zucker und Hefe streuen. Den Backautomaten auf »Teigzubereitung« programmieren und den Teig vom Automaten mischen und kneten lassen.
- Wer den Hefeteig von Hand mischen und kneten möchte, richtet sich nach der Anweisung auf Seite 44.
- Wenn der Teig fertig ist, Frittierfett in einem großen Topf oder in der Fritteuse erhitzen.

- Mit zwei Löffeln kleine Nocken aus dem Teig formen und im siedenden Fett etwa 4 Minuten lang ausbacken. Je nach Form müssen die Püfferchen eventuell zwischendurch gewendet werden.
- Die Püfferchen mit einem Schaumlöffel herausnehmen und auf Küchenpapier legen, damit das Fett aufgesaugt wird.
- Zucker und Zimt mischen und jedes Püfferchen vor dem Abkühlen darin wälzen.

Festliche Torten

Geburtstag ohne Torte? Stimmt, das geht nicht. Ob gehaltvolle Buttercreme oder frisch und fruchtig – auch glutenfrei sind festliche Torten Prunkstücke und Mittelpunkt jeder Kaffeetafel. Es gibt kaum eine andere Küchenkreation, die mehr Möglichkeiten bietet, die Fantasie spielen zu lassen. Kreieren Sie Ihr eigenes kleines Kunstwerk und dekorieren Sie ganz nach Lust und Laune mit Sahne oder Buttercreme, Schokolade, Trüffeln, Früchten oder gezuckerten Blüten. Gönnen Sie sich einfach öfter mal eine dieser klassischen Köstlichkeiten.

Füllungen für Torten:
Wenn Sie ein schlechtes Gewissen wegen der oftmals großen Sahnemenge der Torten haben, ersetzen Sie einfach einen Teil der Sahne durch Joghurt. Dann können Sie unbesorgt schlemmen.

- Für die **fettreduzierte Füllung** einfach 500 Gramm Joghurt (3,5 % Fett) mit 80 Gramm Puderzucker und 2 Esslöffeln Johannisbrotkernmehl oder Guarkernmehl verrühren und 30 Minuten kühl stellen. Wenn die Creme fest zu werden beginnt, 250 Gramm Sahne mit 2 Teelöffeln Johannisbrotkernmehl sehr steif schlagen und unter den Joghurt rühren.

- Für eine Quarkcreme, die sich ebenfalls gut für Torten und Kuchen eignet: 500 Milliliter Milch mit 100 Gramm Zucker, 2 Teelöffeln Agar-Agar und 2 Esslöffeln Pfeilwurzelstärke aufkochen und 2 bis 3 Minuten köcheln lassen, dabei häufig umrühren. 500 Gramm Quark schaumig rühren und anschließend unter die handwarm abgekühlte Milch rühren.

- Eine festere **Milchcreme mit Sahne** erhalten Sie, indem Sie 500 Milliliter Milch mit etwas Zucker, 1 Teelöffel Agar-Agar und 1 Esslöffel Pfeilwurzelstärke aufkochen, etwas köcheln lassen und anschließend auf etwa 40 °C abkühlen lassen (handwarm). Dann 300 Milliliter Sahne steif schlagen und unter die handwarme Milch heben.

Grillagetorte

Zutaten für eine Springform, Durchmesser 24 Zentimeter

6 Eiweiß
1 Prise Salz
250 g Zucker
abgeriebene Schale einer unbehandelten Zitrone
200 g gemahlene Haselnüsse
60 g Maisstärke
300 g Kuvertüre
300 ml Sahne
1 Päckchen Sahnefestiger oder 3 TL Johannisbrotkernmehl
½ TL gemahlene Vanille oder ausgekratztes Vanillemark

- Den Backofen auf 160 °C (Umluft) vorheizen. Den Boden einer Springform mit Backpapier auslegen.
- Das Eiweiß mit Salz cremig schlagen, dann 200 g des Zuckers einrieseln lassen und das Eiweiß zu festem Eischnee schlagen. Zitronenschale, Nüsse und Maisstärke unterheben.
- Aus der Eischneemasse nacheinander vier Tortenböden jeweils 15 Minuten auf der untersten Schiene des Backofens backen.
- Den letzten Boden sofort nach dem Backen in zwölf Tortenstücke schneiden.
- Die Böden gut auskühlen lassen, dann die Kuvertüre im Wasserbad schmelzen und die Oberseiten der Böden und Tortenstücke damit bepinseln.
- Die Sahne mit Sahnefestiger oder Johannisbrotkernmehl und Vanille sehr steif schlagen, dabei die restlichen 50 g Zucker einrieseln lassen.
- Drei Viertel der Sahne auf zwei der Tortenböden verteilen und die Böden übereinandersetzen. Den dritten Tortenboden auflegen und vorsichtig andrücken.
- Dann zwölf große Sahnerosetten auf die Oberseite der Torte spritzen und die zwölf Kuchendreiecke darauf schräg wie Windmühlenflügel anordnen.

 Am besten schmeckt Grillagetorte, wenn sie halbgefroren serviert wird.

Schwarzwälder Kirschtorte

Zutaten für eine Springform, Durchmesser 24 Zentimeter

Für den Biskuitteig:
6 Eier
200 g Zucker
1 Prise Salz
50 g Butter
40 g Reismehl
40 g Speisestärke
40 g Kartoffelstärke
50 g Kakaopulver

Für die Füllung und Garnierung:
450 g Sauerkirschen aus dem Glas (Abtropfgewicht 450 g)
3 TL Speisestärke
60 g Zucker
1 MSP Zimtpulver
25 ml Kirschwasser
1 l Sahne
60 g Zucker
1 MSP gemahlene Vanille oder das ausgekratzte Mark einer Schote
25 ml Kirschwasser
16 Sauerkirschen, frisch und entkernt oder aus dem Glas
75 g geraspelte Zartbitterschokolade

- Ofen auf 160 °C (Umluft) vorheizen.
- Eier, Zucker und Salz im Wasserbad rühren, bis eine schaumige Masse entstanden ist, dann die Schüssel vom Topf nehmen und mehrere Minuten weiterrühren.
- Anschließend die Butter zerlassen.
- Mehle und Kakaopulver vorsichtig unter die Schaummasse heben, zum Schluss die Butter dazugeben.
- Teig in eine mit Backpapier ausgelegte Springform füllen und etwa 30 Minuten backen.

- Für die Füllung die Kirschen abtropfen lassen, Saft auffangen. Speisestärke mit vier bis fünf Teelöffeln des Kirschsafts anrühren. Dann die Kirschen mit 300 ml des Safts aufkochen und die angerührte Speisestärke dazugeben, um die Kirschmasse anzudicken. Mit Zucker, Zimt und Kirschwasser abschmecken.
- Sahne schlagen, bis sie eine leicht cremige Konsistenz hat, dann Zucker und Vanille zugeben und fertig schlagen.
- Den ausgekühlten Tortenboden mindestens zweimal horizontal durchschneiden.
- Auf den ersten Boden Sahneringe spritzen und die Zwischenräume mit den angedickten Kirschen füllen.
- Den nächsten Boden aufsetzen und mit Sahne bestreichen. Mit gegebenenfalls weiteren Böden ebenso verfahren.
- Letzten Boden aufsetzen und mit Kirschwasser tränken.
- Gesamte Torte mit Sahne bestreichen. Auf den oberen Boden 16 Sahne-Rosetten spritzen und mit jeweils einer Kirsche dekorieren.
- Die Oberfläche der Torte mit Schokoladenspänen bedecken.

Schwarzwälder Kirschtorte ist ein großer Exportschlager der deutschen Küche. Mittlerweile schätzt man die köstliche Komposition aus feinem Schokoladen-Biskuit, Sahne, Kirschen und Kirschwasser überall auf der Welt. Die Torte wird häufig den lokalen Gegebenheiten angepasst und beispielsweise in heißen Ländern meist mit weniger leicht verderblichen Cremes mit mehr Zucker und Fett zubereitet.

Sangriatorte
Zutaten für eine Springform, Durchmesser 24 Zentimeter

150 g weiche Butter
100 g Zucker
3 Eier
60 g Maisstärke
60 g Reismehl
50 g Maismehl
2 TL Weinsteinbackpulver
75 g gemahlene Mandeln
250 ml Rotwein oder Orangensaft
4 EL Grand Marnier nach Belieben
200 g Orangenmarmelade
100 g Halbbitterkuvertüre
30 g Honig
8 EL Sahne

Für die Form:
Butter
25 g gemahlene Mandeln

- 125 g der weichen Butter und den Zucker sehr cremig rühren.
- Die Eier nacheinander jeweils gut unterrühren.
- Mehle und Backpulver zusammen in eine Schüssel sieben. Mehlmischung abwechselnd mit den Mandeln und dem Rotwein oder Orangensaft (bis auf einen Esslöffel) unter die Butter-Zucker-Masse rühren.
- Teig in eine gefettete, mit gemahlenen Mandeln ausgestreute Springform streichen. Im vorgeheizten Ofen bei 175 °C (Ober- und Unterhitze) auf der zweiten Schiene von unten 35 bis 40 Minuten backen.
- Boden auskühlen lassen. Dann zweimal waagerecht durchschneiden.
- Böden nach Belieben mit Grand Marnier beträufeln. Marmelade durch ein Sieb streichen und auf der Oberseite von zwei Böden verteilen.

- Die drei Böden wieder aufeinandersetzen und gut andrücken.
- Halbbitterkuvertüre fein hacken. Honig, Sahne, die restliche Butter (25 g) und den restlichen Rotwein oder Orangensaft (einen Esslöffel) unter Rühren aufkochen. Kuvertüre dazugeben. Topf von der Kochstelle ziehen und die Kuvertüre unter Rühren auflösen.
- Dunkle Glasur gleichmäßig über dem Kuchen verteilen.
- Den Kuchen 60 Minuten kalt stellen.

Schokobiskuitrolle mit Buttercremefüllung
Zutaten für ein Backblech

Für den Biskuitteig:
6 Eiweiß
120 g Zucker
100 g geschmolzene Zartbitterkuvertüre
1 MSP gemahlene Vanille oder ausgekratztes Vanillemark
25 g Reismehl
25 g Maisstärke
etwas Zucker

Für die Buttercreme:
20 g Speisestärke
250 ml Milch
50 g Zucker
4 Eigelb
200 g Butter
100 g Puderzucker
40 ml Cognac oder ½ TL gemahlene Vanille oder ausgekratztes Vanillemark

Für die Füllung:
100 g Preiselbeergelee

Zum Bestäuben:
Kakaopulver

- Backblech mit Backpapier auslegen, Ofen auf 160 °C (Umluft) vorheizen.
- Für den Teig das Eiweiß zu steifem Eischnee schlagen, den Zucker nach und nach dazugeben. Die Kuvertüre im Wasserbad schmelzen und mit dem Vanillemark und den Mehlen auf den Eischnee geben und vorsichtig unterheben. Die Masse verliert dabei stark an Volumen. Auf das vorbereitete Backblech streichen und 12 Minuten backen.

- Ein Geschirrtuch mit Zucker bestreuen und den fertigen Biskuit darauf stürzen. Das Backpapier abziehen und den Biskuit sofort mit dem Geschirrtuch aufrollen und abkühlen lassen.
- Für die Buttercreme die Speisestärke mit ein bis zwei Esslöffeln der Milch glatt rühren, dann die angerührte Speisestärke mit der restlichen Milch aufkochen.
- In einem weiteren Topf den Zucker mit den Eigelben schaumig rühren und die gebundene Milchmasse löffelweise unterrühren. Die Creme einmal aufkochen lassen, dabei ständig rühren. Dann vom Herd nehmen und abkühlen lassen.
- Die Butter mit dem Puderzucker mindestens 5 Minuten lang schaumig rühren, die abgekühlte Milchcreme durch ein Sieb streichen und löffelweise unter die Butter rühren. Den Cognac oder die Vanille dazugeben und gut unterrühren.
- Den aufgerollten Biskuit wieder ausbreiten, mit dem Preiselbeergelee dünn bestreichen und mit der Buttercreme bedecken. Vorsichtig aufrollen, die Enden der Biskuitrolle sauber abschneiden und die Rolle mit Kakaopulver bestäuben.
- Die Biskuitrolle schmeckt am besten, wenn sie einige Stunden im Kühlschrank durchgezogen ist.

 Falls der Biskuitboden beim Aufrollen bricht, lässt er sich noch für die Zubereitung von Tiramisu verwenden. Einfach einfrieren, bis er benötigt wird.

Frankfurter Kranz
Zutaten für eine Kranz- oder Rodonkuchenform

Für den Teig:
200 g Butter
250 g Zucker
6 Eier
1 Prise Salz
1 MSP gemahlene Vanille oder ausgekratztes Vanillemark
abgeriebene Schale einer unbehandelten Zitrone
100 g Kartoffelstärke
100 g Reismehl
100 g Speisestärke
100 g Maismehl
5 g Guarkernmehl
3 gestrichene TL Weinsteinbackpulver

Für die Karamellcreme:
200 g Zucker
4 EL heißes Wasser
400 ml Milch
30 g Maisstärke
1 MSP gemahlene Vanille oder ausgekratztes Vanillemark
1 Eigelb
250 g Butter

Für das Mandelkrokant:
25 g Butter
3 EL Zucker
100 g gehackte Mandeln

Außerdem:
6 EL Cognac nach Belieben
250 g Kirschmarmelade
16 Sauerkirschen, frisch und entkernt oder aus dem Glas

Für die Form:
Butter und Kartoffel-, Reis- oder Maismehl

- Kranz- oder Rodonkuchenform einbuttern und mit Kartoffel-, Reis- oder Maismehl ausstäuben. Den Ofen auf 160 °C (Umluft) vorheizen.
- Für den Teig die Butter mit dem Zucker schaumig rühren, die Eier nacheinander (jeweils zwei Stück zusammen) zur Butter-Zucker-Masse geben und jeweils mehrere Minuten lang unterrühren.
- Salz, Vanille und Zitronenschale unterrühren, dann die Mehle und zum Schluss das Backpulver darunterheben.
- Teig in die vorbereitete Form füllen und 50 bis 60 Minuten backen.
- Den Kuchen unmittelbar nach dem Backen auf ein Kuchengitter stürzen und auskühlen lassen.
- Für die Karamellcreme die Hälfte des Zuckers in einen Topf geben und karamellisieren lassen (Vorsicht, flüssiger Zucker ist sehr heiß!). Topf vom Herd nehmen, vorsichtig das heiße Wasser unterrühren. Dann 350 ml der Milch hinzugeben und die Karamellmasse aufkochen lassen.
- Maisstärke mit der restlichen Milch, der Vanille und dem Eigelb verquirlen, in die kochende Karamellmilch einrühren und erneut aufkochen lassen. Karamellmasse mit dem restlichen Zucker süßen und kühl stellen.
- Wenn die Karamellcreme abgekühlt ist, die Butter schaumig schlagen und mit der Karamellcreme mischen.
- Für das Krokant die Butter und den Zucker in eine Pfanne geben und schmelzen. Dann die gehackten Mandeln dazugeben und ein paar Minuten unter Rühren karamellisieren lassen. Aus der Pfanne nehmen und abkühlen lassen.
- Den Tortenboden zweimal horizontal durchschneiden und die Böden nach Belieben mit dem Cognac tränken. Die Hälfte der Kirschmarmelade auf dem untersten Boden verteilen, darüber etwa ein Fünftel der Karamellbuttercreme verstreichen. Den mittleren Boden daraufsetzen und erneut mit Kirschmarmelade und Karamellbuttercreme bestreichen. Den oberen Tortenboden daraufsetzen und die Torte oben und an den Seiten mit zwei Dritteln der übrigen Karamellbuttercreme bestreichen.
- Die Torte rundherum mit dem abgekühlten Mandelkrokant verzieren und mit der restlichen Buttercreme 16 Rosetten auf den Kuchen spritzen. Jede Rosette mit einer Kirsche garnieren.

Himbeer-Sahne-Torte
Zutaten für eine Springform, Durchmesser 24 Zentimeter

Für den Biskuitteig:
120 g Butter
80 g Zucker
4 Eier
1 MSP gemahlene Vanille oder ausgekratztes Vanillemark
80 g Reismehl
80 g Maisstärke
2 TL Weinsteinbackpulver

Für die Füllung:
4 EL Himbeergeist oder Orangensaft
250 g Himbeeren
50 g Zucker
1 TL Maisstärke
1 Päckchen oder 1 TL (etwa 3 g) Agar-Agar
4 EL Wasser
200 ml Sahne
½ Päckchen Sahnefestiger oder 2 TL Johannisbrotkernmehl

Zum Garnieren:
400 ml Sahne
20 g Zucker
1 MSP gemahlene Vanille oder ausgekratztes Vanillemark
1 Päckchen Sahnefestiger oder 4 – 5 TL Johannisbrotkernmehl
16 Himbeeren
100 g Mandelblättchen

- Den Backofen auf 160 °C (Umluft) vorheizen und den Boden einer Springform mit Backpapier auslegen.
- Butter, Zucker, Eier und Vanille mehrere Minuten lang schaumig rühren. Mehle und Backpulver dazugeben und unterheben.
- Den Teig in die vorbereitete Springform füllen und 35 bis 40 Minuten backen.

- Nach dem Auskühlen den Boden zweimal horizontal durchschneiden und die Böden mit Himbeergeist oder Orangensaft tränken.
- Die Himbeeren mit dem Zucker erhitzen und mehrere Minuten lang köcheln lassen. Wenn die Himbeeren weich sind, das Fruchtmus passieren, um die kleinen Kerne der Himbeeren zu entfernen. Maisstärke mit Agar-Agar und Wasser glatt rühren, zu den Himbeeren geben und nochmals aufkochen lassen.
- Die Himbeermasse kalt stellen und ab und zu umrühren. Wenn sie fast ganz fest geworden ist, Sahne mit Sahnefestiger oder Johannisbrotkernmehl sehr steif schlagen und vorsichtig unterheben.
- Den untersten Tortenboden mit einem Tortenring umschließen, mit der Hälfte der Himbeersahne bestreichen, den zweiten Boden aufsetzen und mit der restlichen Himbeersahne besteichen. Dann den obersten Tortenboden auflegen und leicht andrücken.
- Den Tortenring entfernen und die Sahne mit Zucker, Vanille und Sahnefestiger oder Johannisbrotkernmehl aufschlagen. Die Torte oben und am Rand mit zwei Dritteln der Sahne bestreichen. Mit der restlichen Sahne 16 Rosetten auf die Torte spritzen und mit jeweils einer Himbeere krönen.
- Die Mandelblättchen in einer Pfanne ohne Fett anrösten und an den Rand der Torte drücken.

Für diese Torte lassen sich auch andere Früchte wie Erdbeeren, Brombeeren oder Johannisbeeren verwenden – sehr lecker ist auch ein Beerencocktail, der sich aus verschiedenen Sorten zusammensetzt. Wichtig ist, dass bei Experimenten mit anderen Obstsorten auch der Zuckergehalt angepasst wird, denn Beeren variieren in ihrer natürlichen Fruchtsüße erheblich. Tiefkühlware ist natürlich ebenso gut für die Zubereitung dieser Torte geeignet.

Erdbeer-Marzipan-Torte
Zutaten für eine Springform, Durchmesser 24 Zentimeter

Für den Biskuitteig:
5 Eier
1 Prise Salz
1 MSP gemahlene Vanille oder ausgekratztes Vanillemark
125 g Puderzucker
50 g Butter
30 g Maisstärke
30 g Kartoffelstärke
30 g Reismehl
30 g Maismehl

Für die Füllung:
4 Eier
1 EL Maisstärke
500 ml Milch
½ TL gemahlene Vanille oder ausgekratztes Vanillemark
100 g Puderzucker
1 Päckchen oder 1 TL (etwa 3 g) Agar-Agar
200 g Honigmarzipan
200 ml Sahne
½ Päckchen Sahnefestiger oder 2 TL Johannisbrotkernmehl
1 Prise Salz

30 ml Amaretto, Apfel- oder Orangensaft

Zum Garnieren:
500 g Erdbeeren
1 Päckchen roter Tortenguss
50 g gehackte Pistazien oder Mandelblättchen

- Den Backofen auf 160 °C (Umluft) vorheizen und den Boden einer Springform mit Backpapier auslegen.

- Für den Biskuitteig die Eier trennen und das Eiweiß mit Salz zu Eischnee schlagen. Das Eigelb mit Vanille und Zucker einige Minuten lang cremig rühren.
- Die Butter zerlassen und zur Eigelb-Zucker-Masse geben.
- Die Mehle dazugeben und gut unterrühren. Zum Schluss den Eischnee unterheben und den Teig in die vorbereitete Springform füllen.
- Den Tortenboden 35 bis 40 Minuten backen.
- Für die Marzipancreme die Eier trennen und das Eiweiß kühl stellen. Die Maisstärke mit dem Eigelb anrühren, zur Milch geben und mit Vanille, Zucker und Agar-Agar unter Rühren aufkochen lassen, bis die Milch kräftig aufschäumt.
- Die Milchmasse vom Herd nehmen, das Honigmarzipan in kleine Stücke schneiden und unterarbeiten. Die Creme zwei Stunden kalt stellen.
- Die Sahne mit Sahnefestiger oder Johannisbrotkernmehl sehr steif schlagen und das Eiweiß mit Salz zu Eischnee schlagen. Beides auf die Marzipancreme geben und vorsichtig mit dem Schneebesen unterheben.
- Den abgekühlten Tortenboden zweimal horizontal durchschneiden und alle Böden mit Amaretto, Apfel- oder Orangensaft tränken.
- Ein Drittel der Marzipancreme zum Bestreichen der Böden verwenden. Die Böden aufeinandersetzen. Mit dem zweiten Drittel der Creme die Torte seitlich bestreichen. Mit dem Rest der Marzipancreme Rosetten so dicht wie möglich auf den Rand der Torte spritzen.
- Die Erdbeeren waschen, die Stiele entfernen und den obersten Boden der Torte mit den Erdbeeren belegen. Den Tortenguss nach Packungsanleitung zubereiten, einige Minuten abkühlen und andicken lassen. Dann über die Erdbeeren geben.
- Den Rand der Torte mit den gehackten Pistazien oder Mandelblättchen verzieren.

 Einen perfekten Biskuitboden erhalten Sie übrigens, wenn Sie nur den Boden der Springform mit Backpapier auslegen. Den Rand der Springform nicht einfetten, damit der Teig etwas anhaftet und sich nicht in der Mitte aufwölbt.

Donauwelle
Zutaten für ein Backblech

1,4 kg Sauerkirschen aus dem Glas (Abtropfgewicht 1,4 kg)
250 g Butter
200 g Zucker
1 MSP gemahlene Vanille oder ausgekratztes Vanillemark
1 Prise Salz
6 Eier
100 g Maisstärke
100 g Kartoffelstärke
100 g Reismehl
50 g Maismehl
2 TL Weinsteinbackpulver
50 g Kakaopulver
3 EL brauner Rum oder starker Kaffee

Für den Belag:
1 Päckchen Vanille-Puddingpulver
500 ml Milch
40 g Zucker

Für den Guss:
100 g Zartbitterschokolade
100 g Milchschokolade
50 g Kokosfett

Für die Fettpfanne oder das Backblech:
Öl

- Backofen auf 160 °C (Umluft) vorheizen und eine Fettpfanne oder ein Backblech mit einem hohen Rand einölen.
- Die Kirschen durch ein Sieb abgießen und abtropfen lassen.
- Die Butter zerlassen und mit Zucker hell schaumig rühren. Die Vanille und das Salz hinzugeben und die Eier nacheinander (jeweils zwei Stück zusammen) unterrühren.

- Die Mehle und das Backpulver dazugeben und unterrühren.
- Eine Hälfte des Teiges auf dem Backblech verteilen, die andere Hälfte des Teiges mit Kakaopulver und Rum oder Kaffee verrühren und auf den hellen Teig streichen.
- Die abgetropften Kirschen auf dem Teig verteilen und den Kuchen etwa 40 Minuten backen.
- Den Vanillepudding mit Milch und Zucker nach Packungsanweisung zubereiten und einige Minuten abkühlen lassen. Dann den Pudding auf dem abgekühlten Kuchen verstreichen. Den Kuchen für einige Stunden kühl stellen.
- Für den Guss die Schokolade in kleine Stücke brechen und mit dem Kokosfett im Wasserbad erhitzen, bis die Schokolade geschmolzen ist.
- Die fertige Glasur vorsichtig auf dem Kuchen verteilen und mit einer Gabel Wellenlinien ziehen.

Schokoladentorte nach Sacher-Art
Zutaten für eine Springform, Durchmesser 24 Zentimeter

Für den Teig:
5 Eier
1 Prise Salz
150 g Halbbitterschokolade
100 g Butter
120 g Puderzucker
1 MSP gemahlene Vanille oder ausgekratztes Vanillemark
120 g gemahlene Mandeln
50 g Maisstärke

Für die Glasuren:
200 g Aprikosenkonfitüre
100 g Zartbitterkuvertüre
50 g Kakaopulver
120 ml Wasser für die Schokoladenglasur
4 EL Wasser für die Aprikosenglasur

- Den Backofen auf 160 °C (Umluft) vorheizen. Den Boden einer Springform mit Backpapier auslegen.
- Die Eier trennen und das Eiweiß mit Salz steif schlagen und kühl stellen.
- Die Schokolade im Wasserbad schmelzen. Die Butter in einer großen Rührschüssel mit 40 g des Puderzuckers und den Eigelben schaumig rühren. Die Vanille und die flüssige Schokolade unterrühren. Dann Mandeln, Maisstärke und zuletzt Eischnee unter die Schokoladenmasse heben.
- Den Teig in die Springform füllen und 40 bis 50 Minuten backen.
- Nach dem Auskühlen den Boden einmal horizontal durchschneiden und mit der Hälfte der Aprikosenkonfitüre füllen.
- Die restlichen 80 g Puderzucker mit der Kuvertüre, dem Kakaopulver und dem Wasser unter Rühren erwärmen, bis sich alles zu einer glatten Glasur verbunden hat. Die Glasur unter ständigem Rühren etwas abkühlen lassen, bis sie dickflüssig geworden ist.

- Die restliche Konfitüre mit Wasser einige Minuten kochen und passieren.
- Die Torte zuerst mit der Aprikosenkonfitüre bestreichen und anschließend mit der Schokoglasur überziehen.

Kugelkuchen

Zutaten für eine Springform, Durchmesser 24 Zentimeter

Für den Teig:

150 ml Milch
50 g Butter
4 Eier
1 TL Salz
100 g Reismehl
100 g Maisstärke
100 g Kartoffelstärke
50 g Masa Harina (spezielles Maismehl, siehe Seite 20)
5 g Guarkernmehl
100 g Zucker
1 MSP gemahlene Vanille oder ausgekratztes Vanillemark
1 Päckchen Trockenbackhefe

Für die Sauce:

150 g Butter
150 g Roh-Rohrzucker
1 TL frisch geriebene Muskatnuss
1 TL Zimtpulver
1 TL gemahlene Vanille oder ausgekratztes Vanillemark
1 Prise Salz
100 g gehackte Mandeln

Für die Glasur:

2 TL zerlassene Butter
1 TL Orangensaft
1 Prise Salz
100 g Puderzucker

Für die Form:

Butter

- Milch, Butter, Eier und Salz in den Backautomaten füllen. Die Mehle einwiegen. Zum Schluss Zucker, Vanille und Hefe darüberstreuen. Den Backautomaten auf »Teigzubereitung« oder »Nur-Teig-Programm« einstellen und den Teig vom Backautomaten zubereiten lassen.
- Wer den Hefeteig von Hand mischen und kneten möchte, richtet sich nach der Anweisung auf Seite 44.
- Eine Springform mit Butter auspinseln.
- Für die Sauce die Butter zerlassen und mit braunem Zucker, Gewürzen und Mandeln mischen.
- Aus einem Drittel der Teigmenge kleine Kugeln von etwa zwei Zentimetern Durchmesser formen, auf den Boden der Backform setzen und die Hälfte der Sauce daraufgeben.
- Eine weitere Schicht mit Teigkugeln und Sauce darübersetzen und mit den restlichen Teigkugeln bedecken.
- Kuchen mit einem Geschirrtuch abdecken und 45 Minuten an einem warmen Ort gehen lassen.
- Backofen auf 160 °C (Umluft) vorheizen und Kuchen 30 Minuten backen. Vor dem Lösen aus der Backform 5 Minuten in der Form auskühlen lassen.
- In der Zwischenzeit zerlassene Butter, Orangensaft und Salz zum Puderzucker geben und so lange rühren, bis eine glatte Glasur entstanden ist.
- Den fertig gebackenen Kuchen damit überziehen.

Stachelbeer-Baiser-Torte

Zutaten für eine Pie- oder Springform, Durchmesser 24 Zentimeter

Für den Teig:
60 g Maisstärke
60 g Kartoffelstärke
60 g Maismehl
10 g Kakaopulver
100 g gemahlene Mandeln
1 MSP Zimtpulver
200 g Butter
100 g Zucker
2 Eigelb

Für den Guss:
6 Eiweiß
1 Prise Salz
300 g Zucker
500 g Stachelbeeren

Für die Form:
Butter

- Die Mehle mit dem Kakaopulver und den Mandeln in einer großen Schüssel mischen. In die Mitte eine Vertiefung drücken und Zimt, Butter, Zucker und Eigelb in die Mitte geben.
- Diese Zutaten rasch zu einem glatten Teig kneten und luftdicht abgedeckt (beispielsweise in Frischhaltefolie gewickelt) eine Stunde im Kühlschrank ruhen lassen.
- Den Backofen auf 160 °C (Umluft) vorheizen. Eine Pie- oder Springform ausbuttern, den Teig mit einem Teigroller ausrollen und die Form mit dem ausgewellten Teig auslegen.

- Den Teig mehrfach mit einer Gabel einstechen und 10 Minuten backen.
- In der Zwischenzeit für den Guss das Eiweiß mit dem Salz zu Eischnee schlagen. Dabei die Hälfte des Zuckers einrieseln lassen. Den restlichen Zucker vorsichtig zusammen mit den Stachelbeeren unter den fertigen Eischnee heben.
- Die Baisermasse auf dem vorgebackenen Kuchenboden verteilen und den Kuchen bei 175 °C (Oberhitze) überbacken, bis die Oberfläche hellbraun ist.

 Im Winter einfach eine tiefgekühlte Beerenmischung statt frischer Stachelbeeren verwenden.

Käse-Sahne-Torte
Zutaten für eine Springform, Durchmesser 24 Zentimeter

Für die Vanillecreme:
350 ml Milch
1 Prise Salz
1 Päckchen oder 1 TL (etwa 3 g) Agar-Agar
½ TL gemahlene Vanille oder ausgekratztes Vanillemark
2 Eigelb
50 g Zucker
20 g Maisstärke
250 g Magerquark
Saft und Schale einer unbehandelten Zitrone
200 ml Sahne
1 Päckchen Sahnefestiger oder 2 – 3 TL Johannisbrotkernmehl

Für den Biskuitteig:
4 Eier
125 g Zucker
1 Prise Salz
60 g Butter
40 g Reismehl
40 g Maisstärke
40 g Kartoffelstärke

Zum Garnieren:
Puderzucker

- Für die Vanillecreme die Milch mit Salz, Agar-Agar und Vanille in einem Topf aufkochen, Topf vom Herd nehmen, Deckel auflegen und ziehen lassen.
- In einem weiteren Topf Eigelb und Zucker schaumig rühren, die Maisstärke hinzugeben und die Vanillemilch unter ständigem Rühren dazugießen.

- Die Vanillecreme einmal aufkochen lassen, dabei ständig mit dem Schneebesen aufschlagen. Den Topf vom Herd nehmen, wenn die Masse einmal kräftig aufgeschäumt ist. Quark, Zitronensaft und -schale in die warme Masse rühren, dann kalt stellen und ab und zu umrühren.
- Den Backofen auf 160 °C (Umluft) vorheizen und den Boden einer Springform mit Backpapier auslegen.
- Für den Biskuitteig Eier, Zucker und Salz im Wasserbad mehrere Minuten lang rühren, bis eine helle Schaummasse entstanden ist, dann die Schüssel vom Topf nehmen und mehrere Minuten weiterrühren.
- Butter zerlassen. Mehle vorsichtig unter die Schaummasse heben, zum Schluss die Butter dazugeben.
- Teig in die vorbereitete Springform füllen und etwa 30 Minuten backen.
- Den Biskuit aus der Form nehmen und zum Abkühlen auf ein Kuchengitter legen.
- Sahne mit Sahnefestiger oder Johannisbrotkernmehl sehr steif schlagen und unter die abgekühlte Quarkmasse heben.
- Den abgekühlten Biskuit einmal horizontal durchschneiden und mit der Quark-Sahne-Creme füllen.
- Die Torte bis zum Verzehr in den Kühlschrank stellen und vor dem Servieren mit Puderzucker dick bestäuben.

Wenn die Torte noch am gleichen Tag komplett verzehrt und zuvor im Kühlschrank aufbewahrt wird, kann man statt der Sahne einfach das übrig gebliebene Eiweiß (bei ganz frischen Eiern) mit einer Prise Salz zu Eischnee schlagen und an Stelle der Sahne unter die Quarkmasse heben. Das macht die Creme leicht und locker und spart eine Menge Kalorien!

Zitronen-Biskuitroulade
Zutaten für ein Backblech

Für den Biskuitteig:
5 Eier
1 MSP Salz
100 g Zucker
1 MSP gemahlene Vanille oder ausgekratztes Vanillemark
50 g Kartoffelstärke
50 g Maisstärke
25 g Maismehl
etwas Zucker

Für die Füllung:
250 ml Sahne
50 g Puderzucker
abgeriebene Schale von 2 unbehandelten Zitronen
4 EL Zitronensaft

- Ofen auf 160 °C (Umluft) vorheizen. Ein Backblech mit Backpapier auslegen.
- Eier trennen und das Eiweiß mit Salz steif schlagen.
- Das Eigelb mit dem Zucker und der Vanille mehrere Minuten lang schaumig rühren. Die Mehle und den Eischnee vorsichtig unterheben und die Masse auf das vorbereitete Backblech streichen.
- Biskuit etwa 15 Minuten backen.
- Ein Küchenhandtuch mit Zucker bestreuen und den fertigen Biskuit darauf stürzen. Das Backpapier vorsichtig abziehen und den Biskuit mithilfe des Küchentuchs aufrollen und abkühlen lassen.
- Für die Füllung die Sahne schlagen und mit Puderzucker, Zitronenschale und -saft aromatisieren.
- Den aufgerollten Kuchen entrollen, mit der Sahnecreme bestreichen und den Kuchen wieder aufrollen.
- Vor dem Verzehr noch mindestens eine Stunde im Kühlschrank durchziehen lassen.

Köstliches mit Obst

Backen mit Gelinggarantie:
Denn es gibt kaum etwas
Einfacheres, als mit den süßen Früchten des Sommers
traumhafte Kuchen zu backen.
Sehen Sie sich die farbenfrohen,
duftenden Auslagen Ihres Bäckers an und
lassen Sie sich von der Vielfalt inspirieren.

Überall auf der Welt werden aus den saftig-aromatischen Naturpro-
dukten fantastische Kuchen gebacken. Denn köstliche und vitaminreiche
Obstkuchen mit heimischen und exotischen Früchten sind für jeden ein
Genuss. Die folgenden Rezepte lassen das Backen und Genießen zu einem
Erlebnis werden.

Ob vom Blech oder aus der Springform: Obstkuchen schmecken frisch
am besten. Wenn Sie den Kuchen frisch und heiß aus dem Ofen servieren
wollen, probieren Sie doch einfach einmal eine Kugel Vanilleeis statt Schlagsahne dazu.

Die Mischung aus einem knusprig-leichten Teig und dem Obst der Sai-
son ist einfach unschlagbar. Was wäre ein August ohne Pflaumenkuchen?
Oder ein Winter ohne heißen Apfelstrudel mit Vanillesauce? Lassen Sie es
sich schmecken!

Johannisbeerkuchen
Zutaten für eine Springform, Durchmesser 24 Zentimeter

250 g schwarze Johannisbeeren
2 Eier
120 g Honig
150 g Joghurt
50 ml Sonnenblumenöl
abgeriebene Schale einer unbehandelten Zitrone
1 MSP gemahlene Vanille oder ausgekratztes Vanillemark
1 Prise Salz
100 g gemahlene Mandeln
50 g Maismehl
50 g Reismehl
50 g Kartoffelstärke
50 g Maisstärke
1 Päckchen Weinsteinbackpulver

Für die Form:
Margarine
Reis- oder Kartoffelmehl

- Die Johannisbeeren waschen, verlesen und die vertrockneten Blüten-blätteransätze so gut es geht entfernen.
- Den Backofen auf 160 °C (Umluft) vorheizen und den Boden einer Springform mit Backpapier auslegen. Den Rand der Springform mit Margarine einpinseln und mit Reis- oder Kartoffelmehl bestäuben.
- Die Eier mit Honig, Joghurt, Öl, Zitronenschale, Vanille und Salz ver-quirlen.
- Die gemahlenen Mandeln, Mehle und das Backpulver in die Creme rüh-ren und die vorbereiteten Johannisbeeren dazugeben.
- Den Teig in die Springform füllen und 20 Minuten backen.

Kirsch-Clafoutis

Zutaten für eine Pie- oder Auflaufform, Durchmesser 26 Zentimeter

370 g Sauerkirschen aus dem Glas (Abtropfgewicht 370 g)
80 g Maisstärke
100 g Zucker
1 Prise Salz
40 g Butter
4 Eier
250 ml Milch
Puderzucker

Für die Form:
Butter

- Backofen auf 160 °C (Umluft) vorheizen.
- Eine Pieform mit Butter auspinseln und die Kirschen auf dem Boden der Form verteilen.
- Die Maisstärke sieben und mit dem Zucker und dem Salz vermischen.
- Die Butter zerlassen und mit den Eiern und der Milch verquirlen. Diese Mischung nach und nach unter die Stärke-Zucker-Mischung rühren.
- Gut mischen, bis der Teig keine Klümpchen mehr enthält, dann über die Kirschen gießen und den Auflauf etwa 30 Minuten lang goldbraun backen.
- Vor dem Servieren mit Puderzucker bestäuben.

Karibikkuchen

Zutaten für eine Springform, Durchmesser 24 Zentimetern

etwa 500 g Ananas in Ringen aus dem Glas (Abtropfgewicht 500 g)
200 g Butter
200 g Roh-Rohrzucker
1 Päckchen Vanillezucker
4 Eier
100 g Maisstärke
100 g Kartoffelstärke
80 g Maismehl
1 Päckchen Weinsteinbackpulver
3 – 4 EL Rum oder Ananassaft

- Ananas abtropfen lassen, Saft auffangen. Butter zerlassen.
- Boden einer Springform mit Backpapier auslegen. Den mit Backpapier ausgelegten Boden und den Rand der Springform mit ein bis zwei Teelöffeln der zerlassenen Butter einpinseln. Boden der Springform mit zwei Esslöffeln des Rohrzuckers bestreuen, dann mit den Ananasscheiben so dicht wie möglich belegen.
- Ofen auf 160 °C (Umluft) vorheizen. Restliche Butter mit restlichem Zucker und Vanillezucker schaumig rühren.
- Eier nacheinander (jeweils zwei Stück zusammen) zur Butter-Zucker-Masse geben und mehrere Minuten unterrühren. Dann Mehle und Backpulver untermischen. Zum Schluss 50 ml des aufgefangenen Ananassaftes und Rum oder zusätzlichen Ananassaft zum Teig geben und verrühren.
- Teig in die Springform auf die Ananas füllen und etwa 30 Minuten backen. Der Kuchen ist fertig, wenn kein Teig mehr an einem zur Garprobe in den Kuchen gesteckten und wieder herausgezogenen Holzstäbchen kleben bleibt.
- Aus dem Ofen nehmen, 10 Minuten in der Form ruhen lassen, dann auf ein Kuchengitter stürzen, vorsichtig das Backpapier abziehen und den Kuchen auskühlen lassen.

Apfeltarte

Zutaten für eine Tarte- oder Springform, Durchmesser 24 Zentimeter

Für den Teig:
100 g Maisstärke
100 g Kartoffelstärke
50 g Maismehl
100 g Zucker
1 Prise Salz
1 Ei
125 g Butter

Für den Belag:
3 – 4 Äpfel (beispielsweise Boskop)
2 EL Roh-Rohrzucker

Für die Form:
Butter
Reis- oder Maismehl

- Maisstärke, Kartoffel- und Maismehl, Zucker, Salz, das Ei und die Butter in Flöckchen in eine Rührschüssel geben und alles zu einem glatten Teig verkneten. Luftdicht abgedeckt (beispielsweise in Frischhaltefolie gewickelt) etwa 30 Minuten kalt stellen.
- Backofen auf 160 °C (Umluft) vorheizen. Eine Tarteform (ersatzweise eine Springform) mit Butter auspinseln und mit Reis- oder Maismehl bestäuben.
- Teig mit einem Teigroller ausrollen und die Form damit auslegen.
- Die Äpfel waschen, schälen, entkernen und vierteln. Dann mit dem Gurkenhobel in dünne Scheiben schneiden und den Tarteboden fächerartig mit den Äpfeln belegen.
- Die Äpfel mit braunem Zucker bestreuen und die Tarte etwa 40 Minuten backen.

Aprikosen-Frischkäse-Tarte
Zutaten für eine Tarte- oder Springform, Durchmesser 26 Zentimeter

Für den Teig:
100 g Maisstärke
100 g Kartoffelstärke
50 g Maismehl
160 g Zucker
1 Prise Salz
1 Ei
125 g Butter

Für den Belag:
400 g Schmand oder saure Sahne
2 EL Maisstärke
2 Eigelb
450 bis 500 g frische, entsteinte Aprikosen oder
    gut abgetropfte Aprikosen aus dem Glas

Für die Form:
Butter
gemahlene Nüsse oder Maisstärke

Zum Blindbacken:
getrocknete Erbsen oder Bohnen

- Maisstärke, Kartoffel- und Maismehl, 100 g des Zuckers, Salz, das Ei und die Butter in Flöckchen in eine Rührschüssel geben und alles zu einem glatten Mürbeteig verkneten. Den Mürbeteig luftdicht abgedeckt (beispielsweise in Frischhaltefolie gewickelt) etwa 30 Minuten kalt stellen.
- Mürbeteig mit einem Teigroller ausrollen und eine gefettete und mit gemahlenen Nüssen oder Maisstärke bestäubte Tarte- oder Springform damit auslegen, den Rand leicht andrücken. Die Form etwa 15 Minuten in den Kühlschrank stellen.

- Den Backofen auf 160 °C (Umluft) vorheizen.
- Backpapier auf den gekühlten Teig legen, Hülsenfrüchte darauf verteilen und den Tarteboden etwa 15 Minuten backen.
- Das Backpapier mit den Hülsenfrüchten entfernen und den Boden noch etwa 5 Minuten bei gleicher Temperatur weiterbacken. Anschließend auskühlen lassen.
- Backofen erneut auf 160 °C (Umluft) vorheizen.
- Schmand oder saure Sahne, den restlichen Zucker, Stärke und Eigelbe verrühren. Aprikosen halbieren.
- Vorgebackene Tarte mit den Aprikosen belegen, mit dem Schmandguss begießen und nochmals 30 Minuten backen.
- Fertigen Kuchen aus dem Ofen nehmen, aus der Form lösen und auf einem Kuchengitter auskühlen lassen.

Weintrauben-Walnuss-Kuchen
Zutaten für eine Springform, Durchmesser 24 Zentimeter

500 g kernlose Weintrauben
50 g Reisflocken
150 g Butter
100 g Roh-Rohrzucker
3 Eier
50 g Maisstärke
50 g Kartoffelstärke
50 g Maismehl
2 TL Weinsteinbackpulver
50 g gemahlene Walnüsse

Für die Form:
Butter
Reis- oder Maismehl

- Die Weintrauben von den Stielen abzupfen und waschen.
- Die Reisflocken in einer Pfanne ohne Fett unter Rühren anrösten.
- Den Boden einer Springform mit Backpapier auslegen, den Rand mit Butter einpinseln und mit etwas Reis- oder Maismehl bestäuben. Den Ofen auf 160 °C (Umluft) vorheizen.
- Die Butter mit dem Zucker schaumig rühren, die Eier nacheinander zur Butter-Zucker-Masse geben und jeweils einige Minuten lang unterrühren.
- Die Mehle mit dem Backpulver mischen und mit den gerösteten Reisflocken zur Schaummasse geben und unterrühren.
- Zum Schluss die gemahlenen Walnüsse und die Weintrauben unterheben und den Teig in die Springform füllen.
- Kuchen 45 bis 50 Minuten backen und vor dem Herauslösen aus der Form 10 Minuten abkühlen lassen.
- Dazu passt mit Vanille aromatisierte Schlagsahne.

Rhabarberkuchen
Zutaten für eine Springform, Durchmesser 24 Zentimeter

300 g Rhabarber
180 g Butter
100 g Honig
3 Eier
1 Prise Salz
1 MSP gemahlene Vanille oder ausgekratztes Vanillemark
50 g Buchweizenmehl
50 g Reismehl
50 g Maisstärke
50 g Kartoffelstärke
3 TL Weinsteinbackpulver

Für die Form:
Margarine
Reis- oder Kartoffelmehl

Zum Bestäuben:
Puderzucker

- Den Rhabarber waschen, schälen und in einen Zentimeter lange Stücke schneiden.
- Den Backofen auf 160 °C (Umluft) vorheizen und eine Springform mit Backpapier auslegen. Den Rand der Springform mit Margarine einpinseln und mit etwas Reis- oder Kartoffelmehl bestreuen.
- Die Butter mit dem Honig schaumig rühren, dann die Eier nacheinander zur Butter-Honig-Masse geben und jeweils mehrere Minuten lang schaumig rühren.
- Salz und Vanille zur Schaummasse geben und die Mehle und das Backpulver vorsichtig unterrühren.
- Den Teig in die vorbereitete Springform füllen und die Rhabarberstücke darauf verteilen.
- Den Kuchen 30 bis 40 Minuten backen und vor dem Servieren mit Puderzucker bestäuben.

Birnenkuchen
Zutaten für eine Pieform, Durchmesser 24 Zentimeter

Für den Teig:
120 g Buchweizenmehl
120 g Maisstärke
120 g Kartoffelstärke
160 g Butter
120 g Puderzucker
1 Ei
1 Prise Salz

Für die Vanillecreme:
250 ml Milch
½ TL gemahlene Vanille oder ausgekratztes Vanillemark
2 Eigelb
60 g Zucker
20 g Maisstärke

Für den Belag:
1 kg Birnen

Für den Guss:
50 g Honigmarzipan
2 Eier
100 ml Sahne
30 g Zucker

Für die Form:
Butter

Zum Bestäuben:
Puderzucker

- Für den Teig die Mehle in einer Backschüssel mischen und in die Mitte eine Vertiefung drücken. Butter, Zucker, Ei und Salz in die Mitte geben und mit den Knethaken des Handrührers auf kleiner Stufe durchmischen. Wenn der Teig krümelt, rasch mit den Händen zu einer Kugel kneten.
- Den Teig luftdicht abdecken (beispielsweise in Frischhaltefolie wickeln) und mindestens eine Stunde im Kühlschrank ruhen lassen.
- Eine Pieform fetten, den Teig auf einer mit Reis- oder Maismehl bestreuten Arbeitsfläche ausrollen und die Form mit dem Teig auskleiden.
- Für die Vanillecreme die Milch mit der Vanille erhitzen. Eigelbe, Zucker und Maisstärke verrühren, bis eine cremige Masse entstanden ist. Dann die heiße Vanillemilch unter ständigem Rühren zur Stärkemasse geben. Die Creme erhitzen, bis sie andickt, jedoch keinesfalls kochen.
- Die Creme durch ein Sieb passieren und auf dem Teig in der Backform verteilen.
- Die Birnen schälen, entkernen und vierteln, dann dicht nebeneinander auf die Vanillecreme setzen.
- Den Backofen auf 160 °C (Umluft) vorheizen.
- Das Honigmarzipan zuerst mit einem, dann mit dem zweiten Ei cremig rühren. Sahne und Zucker einarbeiten und den Guss über dem Kuchen verteilen.
- Den Kuchen 45 bis 50 Minuten backen und vor dem Servieren mit Puderzucker bestäuben.

Orangenpie
Zutaten für eine Pieform, Durchmesser 24 Zentimeter

Für den Teig:
100 g Maisstärke
100 g Kartoffelstärke
50 g Maismehl
120 g Butter
2 EL Zucker
1 Prise Salz
1 Ei

Für den Belag:
5 Eier
1 Prise Salz
300 g Zucker
1 MSP gemahlene Vanille oder ausgekratztes Vanillemark
50 g Maisstärke
abgeriebene Schale und Saft einer unbehandelten Orange
200 g Butter

Für die Form:
Butter

Zum Blindbacken:
getrocknete Erbsen oder Bohnen

- Für den Teig die Mehle auf die Arbeitsfläche sieben und eine Vertiefung in der Mitte formen. Die Butter in Flöckchen schneiden und mit Zucker, Salz und dem Ei in die Mitte geben.
- Alles rasch zu einem Teig verkneten, luftdicht abdecken (beispielsweise in Frischhaltefolie wickeln) und eine Stunde im Kühlschrank ruhen lassen.
- Den Backofen auf 180 °C (Umluft) vorheizen.

- Den Teig mit einem Teigroller ausrollen und eine gefettete Pieform damit auskleiden. Den Teig mehrfach mit einer Gabel einstechen und mit Backpapier abdecken. Hülsenfrüchte daraufgeben und den Teig 15 Minuten backen. Dann die Hülsenfrüchte und das Backpapier entfernen und weitere 15 Minuten backen.
- In der Zwischenzeit für den Belag die Eier trennen, das Eiweiß salzen und zu Eischnee schlagen. Dabei die Hälfte des Zuckers einrieseln lassen.
- Eigelbe und Vanille mit der anderen Hälfte des Zuckers und der Maisstärke in einem Topf verrühren. Orangenschale, Orangensaft und die Butter in Flöckchen dazugeben und die Creme unter ständigem Rühren erhitzen. Die Creme mit dem Schneebesen schlagen, bis sie eindickt.
- Die Creme auf den fertigen Kuchenboden geben und mit dem Eischnee bedecken.
- Den Orangenpie 10 Minuten im Backofen goldbraun backen.

Apfelstrudel
Zutaten für ein Backblech

Für den Teig:
100 g Reismehl
100 g Tapioka
100 g Masa Harina (spezielles Maismehl, siehe Seite 20)
3 g Guarkernmehl
8 EL heißes Wasser
1 EL Öl
2 Eier
1 Prise Salz

Für die Füllung:
2 kg Äpfel
Saft einer Zitrone
100 g Roh-Rohrzucker
100 g Mandelblättchen
100 g Rosinen
1 TL Zimtpulver
5 EL brauner Rum nach Belieben

Zum Bestreichen:
30 g zerlassene Butter

Für das Backblech:
Öl

- Alle Zutaten für den Teig in eine große Rührschüssel geben, mit den Knethaken des Handrührers zu einem glatten Teig verkneten und mindestens eine Stunde bei Zimmertemperatur ruhen lassen.
- In der Zwischenzeit für die Füllung die Äpfel schälen, waschen, entkernen und in feine Scheiben hobeln. Die Apfelscheiben mit Zitronensaft beträufeln, um ein Braunwerden zu verhindern.
- Äpfel mit Zucker, Mandelblättchen, Rosinen, Zimt und nach Belieben Rum in einer großen Schüssel mischen.

- Den Backofen auf 180 °C (Umluft) vorheizen und ein Backblech mit Öl einpinseln.
- Den Teig so dünn wie möglich ausrollen, auf ein Küchentuch legen und mit zerlassener Butter bestreichen. Die Füllung gleichmäßig auf dem Teig verteilen, den Teig mithilfe des Kuchentuches vorsichtig aufrollen und die Enden der Rolle einschlagen.
- Den Strudel auf dem vorbereiteten Backblech platzieren, die Oberseite mit zerlassener Butter bepinseln und 35 bis 45 Minuten goldbraun backen.

Apfelstrudel wird traditionell heiß mit Vanillesauce serviert. Für eine Vanillesauce in einem Topf 500 ml Milch erhitzen, jedoch nicht zum Kochen bringen. Drei Eigelb mit 60 g Zucker und einem halben Teelöffel gemahlener Vanille oder ausgekratztem Vanillemark verrühren, dann die heiße Milch unter Rühren dazugeben. Die Sauce zurück in den Topf gießen und unter ständigem Rühren erhitzen, bis das Eigelb die Sauce gut gebunden hat. Dabei keinesfalls kochen lassen.

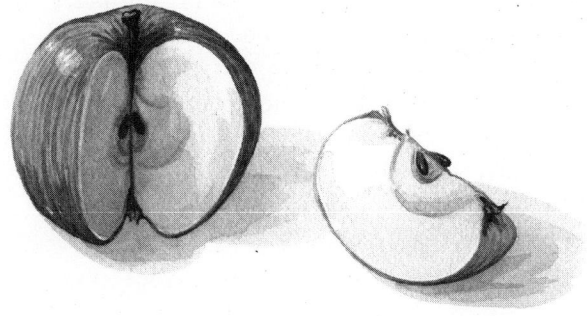

Obststreusel
Zutaten für eine Springform, Durchmesser 24 Zentimeter

Für den Teig:
150 g Maisstärke
150 g Kartoffelstärke
125 g Maismehl
100 g gehackte Haselnüsse oder Mandeln
2 gestrichene TL Weinsteinbackpulver
1 Ei
2 MSP gemahlene Vanille oder ausgekratztes Vanillemark
abgeriebene Schale einer unbehandelten Zitrone
250 g Butter

Für die Füllung:
370 g gut abgetropfte Schattenmorellen aus dem Glas (Abtropfgewicht 370 g)
200 g Kirschmarmelade

- Eine Springform mit Backpapier auslegen und den Ofen auf 160 °C (Umluft) vorheizen.
- Die Mehle, die Nüsse und das Backpulver in eine große Rührschüssel geben und in die Mitte eine Vertiefung drücken. Das Ei, die Vanille, die Zitronenschale und die Butter in kleinen Flöckchen in die Mitte geben. Alle Zutaten mit den Knethaken des Handrührers zu einem glatten Teig verarbeiten.
- Drei Viertel des Teigs mit einem Teigroller auswellen, den Boden der Springform damit bedecken und einen Rand formen.
- Die Schattenmorellen mit der Marmelade mischen und auf den Teig in die Form geben.
- Den restlichen Teig in Flöckchen zupfen und die Obstfüllung damit belegen.
- Den Kuchen 50 bis 60 Minuten backen.

Pflaumenkuchen
Zutaten für ein Backblech

Für den Quark-Öl-Teig:
150 g Quark
100 g Zucker
6 EL Milch
6 EL geschmacksneutrales Öl, beispielsweise Maiskeimöl
100 g Maisstärke
100 g Kartoffelstärke
100 g Maismehl
1 Päckchen Weinsteinbackpulver

Für den Belag:
1,8 kg Pflaumen
einige EL Öl

Für das Backblech:
Öl

Zum Bestreuen:
Zucker

- Den Backofen auf 160 °C (Umluft) vorheizen und ein Backblech dünn mit Öl bepinseln.
- Die Pflaumen waschen, an einer Seite längs aufschneiden, entsteinen und die Innenflächen der beiden Hälften nochmals längs einige Millimeter einschneiden, so dass sich die Pflaumen flach hinlegen lassen.
- Die Zutaten für den Quark-Öl-Teig in eine große Rührschüssel geben und mit den Knethaken des Handrührgerätes zu einem glatten Teig verarbeiten.
- Den Teig auf dem vorbereiteten Backblech verteilen und die Pflaumen mit den Einschnitten nach oben dicht, in halb übereinanderliegenden Reihen daraufstecken.
- Den fertig belegten Pflaumenkuchen mit Öl einpinseln und etwa 30 Minuten backen. Vor dem Servieren mit Zucker bestreuen.

Apfelkuchen mit Rahmguss
Zutaten für eine Springform, Durchmesser 24 Zentimeter

Für den Teig:
200 ml Milch
100 g Butter
4 Eier
1 TL Salz
100 g Reismehl
100 g Maisstärke
100 g Kartoffelstärke
100 g Masa Harina (spezielles Maismehl, siehe Seite 20)
5 g Guarkernmehl
100 g Zucker
1 MSP gemahlene Vanille oder ausgekratztes Vanillemark
1 Päckchen Trockenbackhefe

Für den Belag:
1,5 kg Äpfel (beispielsweise Boskop oder Cox Orange)
1 unbehandelte Zitrone
50 g Zucker
250 g Rosinen

Für den Guss:
50 g Zucker
3 Eier
400 g Schmand

Für das Backblech:
Öl

- Milch, Butter, Eier und das Salz in den Backautomaten füllen. Die Mehle einwiegen. Zum Schluss Zucker, Vanille und Hefe darüberstreuen. Den Backautomaten auf »Teigzubreitung« programmieren und den Teig vom Backautomaten zubereiten lassen.

- Wer den Hefeteig von Hand mischen und kneten möchte, richtet sich nach der Anweisung auf Seite 44.
- Die Äpfel schälen, vierteln und entkernen. Die Schale der Zitrone abreiben und den Saft der Zitrone auspressen. Die Apfelspalten mit Zitronenschale, -saft, dem Zucker und den Rosinen mischen.
- Den fertigen Teig auf einem geölten Backblech verteilen, die Apfel-Rosinen-Mischung auf dem Teig verteilen und den Kuchen 15 Minuten bei 160 °C (Umluft) backen.
- Für den Guss Zucker, Eier und Schmand cremig rühren, auf dem Kuchen verteilen und diesen weitere 30 Minuten fertig backen.

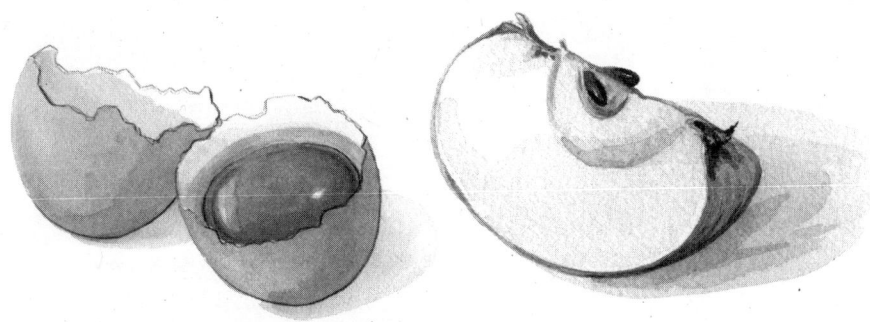

Süße Gaumenfreuden

Hier finden Sie alles, was Sie
bisher vermisst haben. Lan-
destypische Besonderheiten,
ausgefallene Kleinigkeiten
und Kreationen mit Pfiff,
die jedes mehrgängige
Menü abrunden.

Haben Sie schon einmal Schokoladen-
soufflé gebacken? Wer es einmal gegessen hat, stellt sich gern erneut der
Herausforderung und wird dafür mit der Anerkennung seiner Gäste über-
häuft. Vielleicht versuchen Sie das Rezept aber auch einmal als krönenden
Abschluss eines wunderbaren Candle-Light-Dinners?

Oder Dampfnudeln, die von Ihren Liebsten als leckere, vollständige
Mahlzeit verzehrt werden. Mit Vanille- oder Kirschsauce? Herrlich!

Und die kleinen Brownies, eine Spezialität aus den USA, die immer mehr
Anhänger findet und die Sie sich bisher versagen mussten, backen Sie jetzt
einfach mal selbst. Selbst gebackene Brownies zu einer Tasse Tee: Braucht es
mehr, um sich selbst ein wenig zu verwöhnen?

Versuchen Sie die Rezepte einfach. Sie sind nicht schwierig und der Er-
folg wird Sie glücklich machen.

Reisauflauf

Zutaten für eine große Auflaufform, Inhalt mindestens 2 Liter

50 g Butter
½ TL gemahlene Vanille oder ausgekratztes Vanillemark
1 EL Zimtpulver
100 g Milchreis
abgeriebene Schale einer unbehandelten Zitrone
200 ml Weißwein oder Apfelsaft
300 ml Milch
250 g Rosinen
150 g Crème fraîche
50 g Honig
3 Eier

Für die Form:
Butter

- Die Butter in einem hohen Topf zerlassen und die Vanille und den Zimt dazugeben. Den Gewürzen etwa 1 Minute Zeit lassen, damit sie ihr volles Aroma entfalten können und erst dann den Reis und die Zitronenschale dazugeben. Den Reis einige Minuten bei mittlerer Hitze in der Butter bewegen und ihn anschließend mit dem Weißwein oder Apfelsaft ablöschen.

- Dann langsam nach und nach unter ständigem Rühren die Milch dazugießen. Den Milchreis etwa 15 Minuten unter gelegentlichem Rühren ausquellen lassen.

- Wenn der Reis fertig ist, also noch etwas Biss hat, den Topf vom Herd nehmen und die Rosinen untermischen.

- Die Crème fraîche mit dem Honig und den Eiern verquirlen und unter den Milchreis rühren.

- Den Backofen auf 160 °C (Umluft) vorheizen, den Milchreis in eine gebutterte Auflaufform füllen und 20 bis 25 Minuten backen, bis die Oberfläche goldbraun ist.

Grießklößchen auf Himbeersauce
Zutaten für vier Personen als Dessert

Für die Klößchen:
750 ml Wasser
100 g Honig
250 g Maisgrieß
150 g Magerquark
1 MSP gemahlene Vanille oder ausgekratztes Vanillemark
Zimtpulver
frisch geriebene Muskatnuss

Für die Sauce:
250 Himbeeren
50 g Zucker
100 ml Wasser
Cayennepfeffer
Himbeergeist nach Belieben

- Das Wasser mit dem Honig zum Kochen bringen und den Maisgrieß einrieseln lassen. Den Quark dazugeben, erneut zum Kochen bringen und unter ständigem Rühren 10 Minuten ausquellen lassen.
- Die Vanille dazugeben und die Masse mit Zimt und Muskat abschmecken. Danach sofort vom Herd nehmen und bei geschlossenem Deckel weiter quellen lassen.
- Die Himbeeren mit dem Zucker und Wasser aufkochen und einige Minuten köcheln lassen. Das Himbeerkompott durch ein Sieb passieren, um die Kerne zu entfernen. Die Himbeeren mit Cayennepfeffer und nach Belieben Himbeergeist abschmecken.
- Auf vier Teller jeweils einen Himbeersaucenspiegel geben.
- Aus der Grießmasse mit zwei Esslöffeln Klößchen formen und diese – gleichmäßig auf die Teller verteilt – jeweils in die Sauce legen.

 Zum Dekorieren eignen sich Zitronenmelisse und einige zurückgelegte Himbeeren.

Brownies
Zutaten für ein Backblech

250 g Butter
350 g klein gehackte Schokolade
  (Bitter, Vollmilch oder Weiß nach Geschmack)
400 g Zucker
½ TL gemahlene Vanille oder ausgekratztes Vanillemark
1 Prise Salz
5 Eier
100 g Maisstärke
100 g Kartoffelstärke
50 g Maismehl
200 g gehackte Walnüsse

Für die Fettpfanne oder das tiefe Backblech:
Öl

- Die Butter zerlassen und die klein gehackte Schokolade bei mittlerer Hitze darin auflösen. Die Schokoladenmasse anschließend etwas abkühlen lassen.
- Den Ofen auf 180 °C (Umluft) vorheizen.
- Zucker, Vanille, Salz und Eier zur Schokoladenmasse geben und mehrere Minuten lang unterrühren.
- Zum Schluss die Mehle und die Walnüsse untermischen und den Teig auf eine geölte Fettpfanne oder ein geöltes tiefes Backblech streichen.
- Brownies 30 bis 40 Minuten backen und nach dem Backen und Auskühlen in Streifen oder kleine Quadrate schneiden.
- Nach Wunsch mit Kuvertüre oder Nussnougat verzieren. Brownies schmecken frisch am besten.

Dampfnudeln

Zutaten für zwölf Dampfnudeln

Für den Teig:
200 ml Milch
50 g Butter
4 Eier
1 TL Salz
100 g Reismehl
100 g Tapioka
100 g Kartoffelstärke
100 g Masa Harina (spezielles Maismehl, siehe Seite 20)
5 g Guarkernmehl
100 g Zucker
1 MSP gemahlene Vanille oder ausgekratztes Vanillemark
1 Päckchen Trockenbackhefe

Zum Garen:
50 g Butter
50 g Zucker
150 ml Milch
1 Prise Salz

- Milch, Butter, Eier und das Salz in den Backautomaten füllen. Anschließend die Mehle einwiegen. Zum Schluss Zucker, Vanille und Hefe darüberstreuen. Den Backautomaten auf »Teigzubereitung« programmieren und den Teig vom Automaten mischen und kneten lassen.
- Wer den Hefeteig von Hand mischen und kneten möchte, richtet sich nach der Anweisung auf Seite 44.
- Aus dem fertigen Teig zwölf kleine Kugeln formen, diese auf ein Backblech setzen und abgedeckt etwa 30 Minuten an einem warmen Ort gehen lassen.
- Die Butter in einem großen flachen Topf zerlassen, Zucker, Milch und Salz dazugeben. Die Dampfnudeln hineinsetzen und im Topf bei geschlossenem Deckel 20 Minuten garen lassen.
- Dazu passen Vanillesauce und Dörrobst.

Mohnklöße
Zutaten für zwanzig Mohnklöße

Für den Teig:
100 ml Milch
50 g Honig
30 g Butter
125 g gemahlener Mohn
100 g Sahnequark
1 Ei
50 g Kartoffelstärke
1 TL Zimtpulver
abgeriebene Schale einer unbehandelten Zitrone

Zum Kochen:
Salzwasser

- Milch mit Honig unter Rühren erhitzen.
- Wenn sich der Honig aufgelöst hat und die Milch fast kocht, Butter und Mohn dazugeben. Masse unter ständigem Rühren weitere 5 Minuten auf starker Hitze anrösten, dann den Herd ausschalten und Mohn ausquellen lassen.
- Wenn die Mohnmasse abgekühlt ist, Sahnequark, Ei, Kartoffelstärke, Zimt und Zitronenschale untermischen.
- Den Kloßteig 30 Minuten kalt stellen, dann aus dem Teig etwa 20 Bällchen mit einem Durchmesser von fünf Zentimetern formen und in leicht siedendes Salzwasser geben.
- Mohnklöße 5 bis 8 Minuten garen und anschließend vorsichtig mit dem Schaumlöffel aus dem Wasser heben. Die Klöße sind fertig, wenn sie oben schwimmen, sicherheitshalber sollte man einen Kloß probieren.
- Dazu passt eine heiße Vanillesauce.

Schokoladensoufflé
Zutaten für vier Förmchen oder Tassen

25 g weiche Butter
25 g Maisstärke
5 Kapseln Kardamom
125 ml Milch
30 g Zartbitterschokolade
20 g Kakaopulver
2 Eigelb
3 Eiweiß
35 g Zucker

Für die Förmchen:
Butter
Zucker

Zum Bestäuben:
50 g Puderzucker

- Vier Souffléförmchen (ersatzweise Tassen) ausbuttern und mit Zucker ausstreuen.
- Butter und Maisstärke miteinander verkneten.
- Kardamomsamen aus den Kapseln lösen und im Mörser grob zerstoßen.
- Die Milch erhitzen, die Schokolade grob hacken und in die Milch geben. Kakaopulver und Kardamom hinzufügen und unter Rühren aufkochen lassen.
- Stärkebutter nach und nach in die kochende Flüssigkeit rühren. Masse abkühlen lassen, bis sie lauwarm ist.
- Den Backofen auf 180 °C (Ober- und Unterhitze) vorheizen.
- Eigelbe einzeln unter die Schokoladenmasse rühren, bis eine glatte Masse entstanden ist.

- Eiweiß steif schlagen, dabei den Zucker einrieseln lassen. Den Eischnee vorsichtig unter die Schokoladenmasse heben.
- Förmchen oder Tassen bis einen Zentimeter unter den Rand mit der Schokoladenmasse füllen. Förmchen in die Fettpfanne des Backofens oder ein tiefes Backblech stellen und so viel heißes Wasser in die Fettpfanne oder auf das Backblech gießen, dass die Förmchen zu zwei Dritteln im Wasserbad stehen.
- Im heißen Backofen auf der zweiten Schiene von unten 40 Minuten garen.
- Soufflés aus dem Ofen nehmen und sofort mit Puderzucker bestäuben.

Gebackenes Obst
Zutaten für sechs Personen als Dessert

Für den Teig:
100 g Maisstärke
100 g Kartoffelstärke
50 g Maismehl
1 Päckchen Weinsteinbackpulver
40 g Zucker
1 Ei
200 ml Milch

Zum Ausbacken:
750 g Frittierfett wie Kokosfett, Butterschmalz, Erdnuss- oder Palmöl

750 g Obst (Apfelscheiben, Birnenscheiben, Ananasscheiben, Bananenstücke, Rhabarberstücke, Pfirsichhälften, Aprikosenhälften, Pflaumenhälften)

Nach Belieben zum Bestreuen:
Zucker

- Mehle und Backpulver in eine Schüssel geben, in die Mitte eine Vertiefung drücken und die restlichen Zutaten für den Teig dazugeben. Den Teig so lange rühren, bis er dickflüssig, aber klumpenfrei ist.
- Das Frittierfett in einem hohen Topf oder in der Fritteuse erhitzen, bis an einem in das Fett gehaltenen Holzstäbchen (oder einem winzigen Teigtropfen) Blasen entstehen.
- Die Obstscheiben in den Teig tauchen und sofort mit einer Schaumkelle in das Frittierfett legen. Das Obst backen, bis es goldgelb ist. Auf einem Gitter abtropfen lassen.
- Am besten schmeckt gebackenes Obst, wenn es nach dem Backen mit Zucker bestreut und sofort serviert wird.
- Dazu passt Eiscreme oder Vanillesauce.

Aprikosen-Polenta-Auflauf
Zutaten für eine große Auflaufform, Inhalt mindestens 2 Liter

1 l Milch
1 Prise Salz
abgeriebene Schale einer unbehandelten Zitrone
1 MSP gemahlene Vanille oder ausgekratztes Vanillemark
200 g Polenta (Maisgrieß)
4 Eier
80 g weiche Butter
100 g Zucker
450 bis 500 g frische, entsteinte Aprikosen oder Aprikosen aus dem Glas
etwas Salz

Für die Form:
Öl

- Milch mit Salz, Zitrone und Vanille in einem Topf aufkochen und die Polenta unter ständigem Rühren einrieseln lassen.
- Hitze reduzieren und den Maisgrieß unter ständigem Rühren 10 Minuten garen lassen. Topf vom Herd nehmen und Masse abkühlen lassen.
- Auflaufform mit Öl auspinseln und Ofen auf 160 °C (Umluft) vorheizen.
- Die Eier trennen. Butter, Zucker und Eigelb zu einer Schaummasse rühren, die Polenta dazugeben und unterrühren.
- Das Eiweiß mit etwas Salz zu Eischnee schlagen und unter die Polentamasse heben.
- Die Hälfte der Masse in die vorbereitete Auflaufform füllen.
- Aprikosen vierteln oder achteln, darauflegen und mit der restlichen Polentamasse bedecken.
- Auflauf etwa 40 Minuten backen, bis die Oberfläche goldbraun ist.

Quarksoufflé
Zutaten für eine große Auflaufform, Inhalt mindestens 2 Liter

5 Eier
40 g Butter
100 g Zucker
1 MSP gemahlene Vanille oder ausgekratztes Vanillemark
250 g Magerquark
125 g saure Sahne
30 g Maisstärke
30 g Rosinen

Für die Form:
Butter
Zucker

Zum Bestäuben:
Puderzucker

- Den Backofen auf 180 °C (Ober- und Unterhitze) vorheizen und eine große Auflaufform mit Butter auspinseln und mit Zucker ausstreuen.
- Die Eier trennen, das Eigelb und die Butter mit der Hälfte des Zuckers mehrere Minuten lang schaumig rühren.
- Die Vanille, den Quark, die saure Sahne, die Maisstärke und die Rosinen zur Eigelb-Zucker-Masse geben und unterrühren.
- Das Eiweiß zu Eischnee schlagen und dabei den restlichen Zucker einrieseln lassen.
- Den Eischnee vorsichtig unter die Quarkmasse heben und den Teig in die Auflaufform füllen.
- Das Quarksoufflé 40 Minuten goldbraun backen, während des Backens bitte keinesfalls den Backofen öffnen.
- Das fertige Soufflé mit Puderzucker bestäuben und heiß servieren.
- Dazu passen Frucht- oder Schokoladensaucen hervorragend.

Gefüllte Pfirsiche
Zutaten für vier Personen als Dessert

4 Pfirsiche
50 g Reis- oder Hirseflocken
abgeriebene Schale von 2 unbehandelten Orangen
50 g Pinienkerne
50 g Kokosflocken
50 g Roh-Rohrzucker
1 Eigelb
100 ml Weißwein, Marsala oder Apfelsaft

- Die Pfirsiche (wie Tomaten) für einige Sekunden in kochendes Wasser tauchen, einige Minuten warten und dann häuten. Die Früchte halbieren und entsteinen. Wenn der Stein sehr klein ist, sollte man noch etwas Fruchtfleisch mit einem Löffel herauskratzen, weil sonst nicht genug Füllung in den Hohlraum passt.
- Den Backofen auf 160 °C (Umluft) vorheizen.
- Die Reis- oder Hirseflocken mit Orangenschale, Pinienkernen, Kokosflocken und Rohrzucker mischen. Das Eigelb dazugeben und alles gut vermischen.
- Die Pfirsichhälften möglichst dicht nebeneinander in eine Auflaufform setzen und die Früchte mit der vorbereiteten Masse füllen.
- Weißwein, Marsala oder Apfelsaft zwischen die gefüllten Pfirsiche in die Auflaufform gießen und etwa 20 Minuten backen.

Tiramisu
Zutaten für vier Personen als Dessert

Für die Marscarponecreme:
4 frische Eier
1 EL Maisstärke
500 ml Milch
½ TL gemahlene Vanille oder ausgekratztes Vanillemark
100 g Puderzucker
1 Päckchen oder 1 TL (etwa 3 g) Agar-Agar
250 g Mascarpone
1 Prise Salz
100 ml Marsala, Weinbrand oder Orangensaft

Für den Biskuitteig:
3 Eier
100 g Zucker
1 MSP Zimtpulver
1 Prise Salz
60 g Butter
30 g Reismehl
30 g Maisstärke
30 g Kartoffelstärke

Zum Tränken:
100 ml Espresso
5 EL Amaretto oder Schale und Saft einer unbehandelten Orange

Zum Bestäuben:
Kakaopulver

- Für die Mascarponecreme Eier trennen und das Eiweiß kühl stellen.
- Die Maisstärke mit dem Eigelb anrühren, zur Milch geben und die Ei-gelbmilch mit Vanille, Zucker und Agar-Agar unter Rühren aufkochen, bis die Milch kräftig aufschäumt. Die Milchmasse vom Herd nehmen und zwei Stunden kalt stellen.

- In der Zwischenzeit den Backofen auf 160 °C (Umluft) vorheizen und eine Kastenform mit Backpapier auslegen.
- Für den Biskuitteig die Eier, Zucker, Zimt und Salz im Wasserbad mehrere Minuten lang rühren, bis eine Schaummasse entstanden ist, dann die Schüssel vom Topf nehmen und mehrere Minuten lang weiterrühren.
- Butter zerlassen. Mehle vorsichtig unter die Schaummasse heben, zum Schluss die Butter dazugeben.
- Teig in die vorbereitete Kastenform füllen und etwa 30 Minuten backen.
- Den Biskuit aus der Form nehmen und zum Abkühlen auf ein Kuchengitter legen.
- Den Mascarpone und den Marsala, Weinbrand oder Orangensaft unter die abgekühlte Milchcreme rühren.
- Eiweiß mit einer Prise Salz zu Eischnee schlagen, auf die Mascarponecreme geben und vorsichtig mit dem Schneebesen unterheben.
- Ausgekühlten Biskuit wie einen Tortenboden horizontal in so viele Böden wie möglich schneiden.
- Espresso und Amaretto oder Schale und Saft einer unbehandelten Orange mischen. Jeden Boden mit der Mischung beträufeln.
- Die Böden mit der Mascarponecreme bestreichen und in einer flachen Auflauf- oder Pieform aufeinanderschichten.
- Das Tiramisu oben und an den Seiten ebenfalls mit Mascarponecreme bestreichen.
- Die Oberfläche mit reichlich Kakaopulver bestäuben und vor dem Verzehr mindestens zwei Stunden durchziehen lassen.

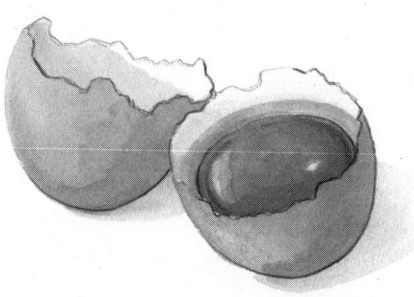

Schokoladenküsse
Zutaten für zwölf Schokoladenküsse

Ein spezielles Backblech mit 12 Vertiefungen für Schokoladenküsse (siehe Tipp)

Für den Teig:
4 Eier
1 Prise Salz
150 g Puderzucker
1 MSP gemahlene Vanille oder ausgekratztes Vanillemark
50 g Reismehl
50 g Kartoffelstärke
50 g Maisstärke
50 g Masa Harina (spezielles Maismehl, siehe Seite 20)
1 TL Weinsteinbackpulver

Für die Füllung:
350 ml Milch
1 Prise Salz
1 Päckchen oder 1 TL (etwa 3 g) Agar-Agar
½ TL gemahlene Vanille oder ausgekratztes Vanillemark
2 Eigelb
50 g Zucker
20 g Maisstärke

Zum Bestreichen:
100 g Aprikosenmarmelade

Für die Schokoglasur:
100 g Zartbitterkuvertüre
30 g Kokosfett

Für das Backblech:
Butter

- Für den Teig den Backofen auf 160 °C (Umluft) vorheizen und ein spezielles Backblech für Schokoladenküsse mit Butter auspinseln.
- Eier trennen, Eiweiß mit Salz zu Eischnee schlagen und kühl stellen.
- Eigelb mit dem Puderzucker mehrere Minuten lang schaumig rühren. Die Vanille, die Mehle und das Backpulver zur Eigelb-Zucker-Masse geben und vorsichtig unterheben, dann den Eischnee mit dem Schneebesen unterheben.
- Teig in die Förmchen des Blechs füllen und etwa 12 Minuten backen.
- Die Teighütchen direkt nach dem Backen aus den Förmchen auf ein Kuchengitter stürzen.
- Für die Vanillecreme in einem Topf Milch, Salz, Agar-Agar und Vanille aufkochen. Den Topf vom Herd nehmen, Deckel auflegen und ziehen lassen.
- In einem weiteren Topf Eigelb und Zucker schaumig rühren, die Maisstärke dazugeben und die Vanillemilch unter ständigem Rühren dazugießen. Die Vanillecreme aufkochen lassen, dabei ständig mit dem Schneebesen aufschlagen. Topf vom Herd nehmen, wenn die Masse kräftig aufgeschäumt ist. Vanillecreme kalt stellen und ab und zu umrühren.
- Den Boden der Teighütchen dünn abschneiden und beiseite legen (er wird später wieder aufgesetzt und zum Boden des Schokoladenkusses).
- Teighütchen mit einem Löffel vorsichtig aushöhlen, mit der erkalteten Vanillecreme füllen und den abgeschnittenen Boden wieder aufsetzen.
- Die gefüllten Teighütchen vorsichtig umdrehen und auf den Teigboden stellen, die Aprikosenmarmelade erhitzen, glatt rühren und die Teighütchen damit bepinseln.
- Die Kuvertüre mit dem Kokosfett im Wasserbad schmelzen und die Teighütchen mit der Glasur überziehen.

Wer kein spezielles Backblech für Schokoladenküsse besitzt, kann auch den Spritzbeutel benutzen, um die Teighütchen herzustellen. Dafür ein Backblech mit Backpapier auslegen und die größte runde Tülle des Spritzbeutels wählen. Den Teig einfüllen und kleine Häufchen aufs Blech spritzen. Dabei nur mit Druck und ohne kreisende Bewegung arbeiten, um eine glatte Wölbung der Außenfläche zu bekommen. Danach backen und wie im Rezept angegeben weiterverfahren.

Windbeutel
Zutaten für zwölf Windbeutel

Für den Teig:
250 ml Wasser
50 g Butter
1 Prise Salz
1 MSP gemahlene Vanille oder ausgekratztes Vanillemark
1 EL Zucker
50 g Maisstärke
50 g Kartoffelstärke
50 g Maismehl
5 Eier
1 EL Brandy oder Orangensaft

Nach Belieben für die Füllung:
Vanille- oder Schokosahne

- Den Backofen auf 180 °C (Umluft) vorheizen und ein Backblech mit Backpapier belegen.
- Wasser mit Butter, Salz, Vanille und Zucker in einem Topf aufkochen.
- Die Mehle mischen und anschließend die Mehlmischung auf einmal in den Topf mit der Wasser-Butter-Mischung geben. Den Teig so lange rühren, bis er sich als Kloß vom Boden des Topfes löst.
- Den Topf vom Herd nehmen und die Eier nacheinander zum Teig geben und jeweils mehrere Minuten lang unterrühren. Zum Schluss den Brandy oder Orangensaft unter dem Teig mischen.
- Den Teig in einen Spritzbeutel mit Sterntülle füllen und zwölf Teighäufchen mit Abstand voneinander auf das Backblech spritzen.
- Windbeutel etwa 30 Minuten backen. Sobald sie fertig sind, sofort mit einer Schere in zwei Hälften teilen. Windbeutel auf einem Gitterrost auskühlen lassen und nach Belieben mit Vanille- oder Schokosahne füllen.

 Windbeutel müssen hohl klingen, wenn man dagegen klopft – dann erst sind sie fertig gebacken.

Herzhaftes

Die nachfolgenden Rezepte ergänzen die Vielfalt an Rezepten, die Sie bisher kennengelernt haben. Neben den süßen Klassikern, die Sie sicher schon probiert haben, finden Sie hier kleine Zwischenmahlzeiten, köstliche Beilagen zu vollwertigen Mahlzeiten, aber auch Hauptgerichte, die schnell zum neuen Lieblingsessen werden können. Versuchen Sie doch außer dem klassischen Zwiebelkuchen oder der Pizza auch einmal ein Auberginentörtchen oder einen Brokkolimuffin. Nein, Muffins und Soufflés müssen nicht süß sein: Auch mit einer herzhaft-würzigen Note sind sie eine echte Bereicherung des Speiseplans.

Wenn Sie das Getreide nicht vermahlen, können Sie es auch als ganzes Korn verwenden:

- Eingeweichte Körner eignen sich als Zusatz zu Müsli, Salat, Gemüse- und Kartoffelgerichten. Lassen Sie Getreidekörner oder Samen bei Zimmertemperatur etwa drei Stunden in Wasser, Saft oder Milch quellen. Wenn Sie das Getreide über Nacht einweichen wollen, stellen Sie es besser in den Kühlschrank, um einer explosionsartigen Vermehrung von Schimmelpilzen oder Bakterien vorzubeugen.
- Wenn Sie Hirse, Amarant oder Quinoa als Beilage verwenden möchten, weichen Sie die Körner am besten einige Zeit in Wasser ein und garen sie anschließend 15 bis 20 Minuten. Die gequollenen und gekochten Körner eignen sich hervorragend, um Reisgerichte zu variieren.

Auberginentörtchen
Zutaten für fünfzehn Auberginentörtchen

Für den Teig:
100 g Maisstärke
100 g Kartoffelstärke
100 g Hirsemehl
50 g Honig
1 Prise Salz
1 EL Kräuter der Provence
 (Mischung getrockneter, mediterraner Kräuter)
1 Ei
125 g Butter

Für den Belag:
2 Auberginen
Olivenöl
Salz

Für die Tomatenpaste:
1 Knoblauchzehe
3 EL Tomatenmark
1 TL Zucker
1 Prise Salz

- Mais- und Kartoffelstärke, Hirsemehl, Honig, Salz, Kräuter der Provence, das Ei und die Butter in Flöckchen in eine Rührschüssel geben und alles zu einem glatten Teig verkneten. Luftdicht abdecken (beispielsweise in Frischhaltefolie wickeln) und etwa 30 Minuten kalt stellen.
- In der Zwischenzeit die Auberginen waschen, in Scheiben schneiden und in heißem Öl von beiden Seiten goldbraun braten. Aus der Pfanne nehmen, salzen und auf Küchenkrepp abtropfen lassen.
- Für die Tomatenpaste die Knoblauchzehe sehr fein hacken und mit dem Tomatenmark, Zucker und Salz zu einer Paste verrühren.
- Den Backofen auf 180 °C (Umluft) vorheizen.

- Den Teig etwa einen Zentimeter dick ausrollen und mit einem runden Förmchen oder einem kleinen Glas Teigstücke (Durchmesser sechs Zentimeter) ausstechen.
- Jedes Teigstück mit einer kleinen Menge Tomatenpaste bestreichen und mit einer Auberginenscheibe belegen.
- Ein Backblech mit Backpapier belegen und die Törtchen auf das Backblech legen.
- Die Auberginentörtchen etwa 20 Minuten backen.

Tomatenquiche
Zutaten für eine Tarte- oder Springform, Durchmesser 26 Zentimeter

Für den Teig:
100 g Maisstärke
100 g Kartoffelstärke
50 g Maismehl
50 g Honig
1 Prise Salz
1 EL Kräuter der Provence
    (Mischung getrockneter, mediterraner Kräuter)
1 Ei
125 g Butter

Für den Belag:
1 Bund Basilikum
3 Fleischtomaten
300 g Mozzarella
Salz
Pfeffer

Für die Form:
Butter
gemahlene Nüsse oder Maisstärke

Zum Blindbacken:
getrocknete Erbsen oder Bohnen

- Maisstärke, Kartoffel- und Maismehl, Honig, Salz, Kräuter der Provence, das Ei und die Butter in Flöckchen in eine Rührschüssel geben und alles zu einem glatten Mürbeteig verkneten. Luftdicht abdecken (beispielsweise in Frischhaltefolie wickeln) und etwa 30 Minuten kalt stellen.
- Mürbeteig ausrollen und eine gefettete und mit gemahlenen Nüssen oder Maisstärke bestäubte Tarte- oder Springform mit dem Teig auslegen, den Rand leicht andrücken. Die Form etwa 15 Minuten in den Kühlschrank stellen.

- Den Backofen auf 160 °C (Umluft) vorheizen.
- Backpapier auf den gekühlten Teig legen, Hülsenfrüchte darauf verteilen und etwa 15 Minuten backen. Das Backpapier mit den Hülsenfrüchten entfernen. Boden etwa 5 Minuten bei gleicher Temperatur weiterbacken. Auskühlen lassen.
- Ofen erneut auf 160 °C (Umluft) vorheizen.
- Basilikum waschen und die Blättchen abzupfen. Tomaten mit kochendem Wasser überbrühen und häuten, dann in Scheiben schneiden.
- Mozzarella ebenfalls in Scheiben schneiden und abwechselnd mit den Tomaten und dem Basilikum dachziegelartig in die Form auf den vorgebackenen Teigboden schichten. Bitte darauf achten, dass das Basilikum unter den Tomaten oder den Käsescheiben steckt und nicht zu sehen ist, damit es nicht verbrennt.
- Die Tomatenquiche mit Salz und Pfeffer würzen und 15 bis 20 Minuten backen.

Zwiebelkuchen
Zutaten für eine Tarte- oder Springform, Durchmesser 26 Zentimeter

Für den Teig:
100 g Maisstärke
100 g Kartoffelstärke
50 g Maismehl
1 Prise Salz
1 Ei
125 g Butter

Für den Belag:
250 g Zwiebeln
1 Stange Lauch
4 EL Butter oder Öl
400 g Schmand oder saure Sahne
2 EL Maisstärke
1 Prise Cayennepfeffer
1 TL Salz
frisch geriebene Muskatnuss
2 Eigelb

Für die Form:
Butter
gemahlene Nüsse oder Maisstärke

Zum Blindbacken:
getrocknete Erbsen oder Bohnen

- Maisstärke, Kartoffel- und Maismehl, Salz, das Ei und die Butter in Flöckchen in eine Rührschüssel geben und alles zu einem glatten Mürbeteig verkneten. Luftdicht abdecken (beispielsweise in Frischhaltefolie wickeln) und etwa 30 Minuten kalt stellen.

- Mürbeteig ausrollen und eine gefettete und mit gemahlenen Nüssen oder Maisstärke bestäubte Tarte- oder Springform damit auslegen, den Rand leicht andrücken. Die Form etwa 15 Minuten in den Kühlschrank stellen.
- Den Backofen auf 160 °C (Umluft) vorheizen.
- Backpapier auf den gekühlten Teig legen, Hülsenfrüchte darauf verteilen und den Mürbeteigboden etwa 15 Minuten backen.
- Das Backpapier mit den Hülsenfrüchten entfernen. Teigboden etwa 5 Minuten bei gleicher Temperatur weiterbacken. Auskühlen lassen.
- Inzwischen Zwiebeln und Lauch mit Butter oder Öl bei mittlerer Hitze andünsten, keinesfalls bräunen.
- Schmand, Stärke, Gewürze und Eigelbe verrühren.
- Die vorgebackene und abgekühlte Tarte mit der Zwiebel-Lauch-Mischung belegen und mit dem Schmandguss begießen.
- Im Backofen weitere 30 Minuten bei 160 °C (Umluft) backen.
- Fertigen Zwiebelkuchen aus der Form nehmen und auf einem Kuchengitter auskühlen lassen.

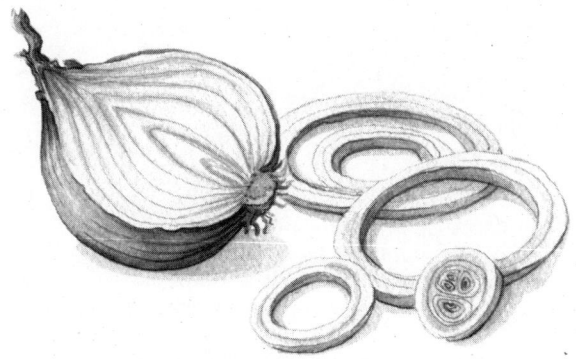

Käsesoufflé
Zutaten für sechs Förmchen oder Tassen

6 Eier
½ Bund Petersilie
½ Bund Schnittlauch
400 g Magerquark
1 TL Honig
75 g geriebener Käse
Pfeffer
Cayennepfeffer
frisch geriebene Muskatnuss
Salz
1 EL Maisstärke

Für die Förmchen:
Butter

- Den Backofen auf 180 °C (Umluft) vorheizen. Sechs Souffléförmchen oder Tassen ausbuttern.
- Die Eier trennen.
- Die Kräuter hacken und mit Quark, Eigelb, Honig und Käse verrühren. Mit Pfeffer, Cayennepfeffer, Muskat und Salz kräftig abschmecken.
- Eiweiß mit einer Prise Salz steif schlagen und mit der Maisstärke unter die Quarkmasse heben.
- Soufflémasse etwa zwei Drittel hoch in die Förmchen füllen.
- Eine Fettpfanne oder ein tiefes Backblech etwa drei Zentimeter hoch mit heißem Wasser (etwa 80 °C) füllen.
- Die Förmchen in das Wasserbad setzen und auf der mittleren Schiene des Backofens etwa 25 Minuten garen.

Pizzateig
Zutaten für ein Backblech

150 ml Wasser
1 EL Olivenöl
1 TL Salz
1 EL Oregano
75 g Buchweizenmehl
75 g Reismehl
75 g Kartoffelstärke
75 g Maisstärke
3 g Guarkernmehl
1 TL Zucker
1 Päckchen Trockenbackhefe

Für das Backblech:
Öl

- Wasser, Öl, Salz und Oregano in den Backautomaten geben und an-schließend die Mehle einwiegen. Zum Schluss Zucker und Hefe da-rübergeben. Den Backautomaten auf »Teigzubereitung« einstellen und den Teig vom Automaten zubereiten lassen.
- Wer den Hefeteig von Hand mischen und kneten möchte, richtet sich nach der Anweisung auf Seite 44.
- Fertigen Teig auf ein geöltes Backblech legen und mit einem Teigroller sehr dünn ausrollen.
- Pizzaboden vor dem Belegen mehrfach mit einer Gabel einstechen.
- Mit Zutaten nach Wunsch belegen und Pizza im vorgeheizten Backofen bei 160 °C (Umluft) 20 Minuten backen.

 Probieren Sie verschiedene Gewürze im Teig. Sehr lecker sind Kümmel, Thymian oder Muskatnuss.

Flammkuchen
Zutaten für ein Backblech

Für den Teig:
250 g Magerquark
1 TL Salz
60 g Kartoffelstärke
60 g Amarantmehl
60 g Maisstärke
40 g Masa Harina (spezielles Maismehl, siehe Seite 20)
3 g Guarkernmehl
30 g Milchpulver
30 g Zucker
1 Päckchen Trockenbackhefe

Für den Guss:
300 ml saure Sahne
3 Eigelb
1 TL Salz
1 TL Pfeffer
1 TL Paprikapulver

Zum Bestreuen:
1 Bund Schnittlauch

Für das Backblech:
Öl

- Magerquark und Salz in den Backautomaten geben, dann die Mehle und das Milchpulver einwiegen. Zum Schluss den Zucker und die Hefe darübergeben. Den Backautomaten auf »Teigzubereitung« einstellen und den Teig vom Backautomaten zubereiten lassen.
- Wer den Hefeteig von Hand mischen und kneten möchte, richtet sich nach der Anweisung auf Seite 44.

- Den Backofen auf 180 °C (Umluft) vorheizen und ein Backblech ölen.
- Die Zutaten für den Guss miteinander verquirlen.
- Den Teig auf dem vorbereiteten Backblech zu einem runden Fladen von etwa einem Zentimeter Dicke ausrollen und mit den Fingern einen flachen Rand formen.
- Den Guss in die Mitte des Teigfladens gießen und bis zum Rand verteilen.
- Den Teigfladen etwa 30 Minuten backen, mit klein gehacktem Schnittlauch bestreuen und servieren.

Sauerkrautschnitten
Zutaten für ein Backblech

Für den Teig:
150 ml Wasser
1 EL Öl
1 Ei
1 TL Salz
1 TL frisch geriebener Ingwer
80 g Maisstärke
80 g Kartoffelstärke
120 g Teffmehl
3 g Guarkernmehl
30 g Honig
1 Päckchen Trockenbackhefe
etwas Reis- oder Kartoffelmehl

Für den Belag:
200 g Sauerkraut
1 Zwiebel
1 EL Olivenöl
1 Lorbeerblatt
80 ml trockener Weißwein oder Apfelessig
Salz
Pfeffer
Thymian
100 g Crème fraîche
1 Ei

- Wasser, Öl, Ei, Salz und Ingwer in den Backautomaten füllen. Die Mehle einwiegen und zum Schluss den Honig und die Hefe darübergeben. Den Backautomaten auf »Teigzubereitung« einstellen und den Teig vom Backautomaten zubereiten lassen.
- Wer den Hefeteig von Hand mischen und kneten möchte, richtet sich nach der Anweisung auf Seite 44.
- Ein Backblech mit Backpapier belegen.

- Den fertigen Teig mit einem Teigroller einen knappen Zentimeter dick ausrollen, in sechs rechteckige Stücke schneiden und diese auf dem Backblech verteilen. Wenn die Stücke nicht auf ein Blech passen, einfach die Teigränder etwas umschlagen, um die Stücke etwas zu verkleinern.

- Die Teigfladen mit etwas Reis- oder Kartoffelmehl bestäuben und im Backofen bei höchstens 50 °C (Ober- und Unterhitze) und spaltbreit geöffneter Ofentür (einen Kochlöffel zwischen Tür und Rahmen klemmen) oder an einem warmen Ort mindestens 30 Minuten ruhen lassen.

- In der Zwischenzeit den Belag vorbereiten: Das Sauerkraut klein schneiden. Die Zwiebeln in dünne Streifen schneiden und im Olivenöl andünsten. Das Lorbeerblatt und das Sauerkraut zu den Zwiebeln geben und etwa 15 Minuten dünsten.

- Das gedünstete Sauerkraut mit Weißwein oder Apfelessig ablöschen und mit Salz, Pfeffer und Thymian abschmecken.

- Die Crème fraîche mit dem Ei vermischen und unter das Sauerkraut rühren.

- Die fertig gegangenen Fladen gegebenenfalls aus dem Ofen nehmen und den Backofen auf 160 °C (Umluft) vorheizen, während der Belag auf den Teigschnitten verteilt wird.

- Die Sauerkrautschnitten 20 bis 25 Minuten backen und heiß servieren.

Brokkolimuffins
Zutaten für zwölf Muffins

Zwei Muffinbleche mit jeweils sechs Vertiefungen

250 g gegarter Brokkoli
1 MSP frisch geriebene Muskatnuss
4 Eier
150 g geriebener Käse
80 g Maisstärke
80 g Kartoffelstärke
80 g Buchweizenmehl
80 g Reismehl
1 TL Weinsteinbackpulver

- Den Brokkoli mit Muskatnuss würzen und mit der Küchenmaschine zerkleinern oder sehr klein schneiden.
- Den Backofen auf 160 °C (Umluft) vorheizen und die Förmchen von zwei Muffinblechen mit Papiermanschetten bestücken.
- Die Eier mehrere Minuten lang schaumig rühren.
- Dann den Käse, die Mehle, den Brokkoli und das Backpulver hinzugeben und unterrühren.
- Die Muffinförmchen zu jeweils drei Vierteln mit Teig füllen und die Muffins etwa 20 Minuten backen.

Kräutermuffins
Zutaten für zwölf Muffins

Zwei Muffinbleche mit jeweils sechs Vertiefungen

150 g Zwiebeln
30 ml Öl
Salz
Pfeffer
1 Bund Schnittlauch
1 Bund Petersilie
4 Eier
150 g Schmand
80 g Maisstärke
80 g Kartoffelstärke
80 g Buchweizenmehl
80 g Reismehl
1 TL Weinsteinbackpulver

- Die Zwiebeln fein würfeln und mit dem Öl bei milder Hitze glasig dünsten. Mit Salz und Pfeffer abschmecken und abkühlen lassen.
- Die Kräuter fein hacken.
- Den Backofen auf 160 °C (Umluft) vorheizen und die Förmchen von zwei Muffinblechen mit Papiermanschetten bestücken.
- Die Eier mehrere Minuten lang schaumig rühren.
- Dann den Schmand, die Mehle, die Zwiebeln, die Kräuter und das Backpulver hinzugeben und unterrühren.
- Die Muffinförmchen zu jeweils drei Vierteln mit Teig füllen und die Muffins etwa 20 Minuten backen.

Kartoffelpizza
Zutaten für ein Backblech

Am Abend vorher beginnen

300 g Kartoffeln
100 ml Milch
4 EL Olivenöl
1 TL Salz
80 g Reismehl
80 g Kartoffelstärke
80 g Maisstärke
80 g Masa Harina (spezielles Maismehl, siehe Seite 20)
5 g Guarkernmehl
1 TL Zucker
1 Päckchen Trockenbackhefe

Für das Backblech:
Öl

- Am Vortag die Kartoffeln garen, abgießen, abschrecken und abkühlen lassen.
- Kartoffeln pellen und durch eine Kartoffelpresse drücken oder mit einem Kartoffelstampfer zerkleinern.
- Milch, Öl und Salz in den Brotbackautomaten geben. Die vorbereiteten Kartoffeln dazugeben, dann die Mehle einwiegen. Zum Schluss Zucker und Hefe darüberstreuen. Den Backautomaten auf »Pizzaprogramm« oder »Teigzubereitung« einstellen und den Teig vom Backautomaten zubereiten lassen.
- Wer den Hefeteig von Hand mischen und kneten möchte, richtet sich nach der Anweisung auf Seite 44.
- Den Teig mit einem Geschirrtuch abdecken und über Nacht kühl stellen. Dabei verdoppelt der Teig sein Volumen.
- Am nächsten Tag den Teig mit einem Teigroller auf einem geölten Backblech ausrollen und nach Wunsch belegen.
- Dann 12 Minuten im vorgeheizten Backofen bei 225 °C (Umluft) backen.

Falafel
Zutaten für zwanzig Falafel

Am Abend vorher beginnen

Für den Teig:
200 g Kichererbsen
1 TL Salz
1 Bund Korianderkraut
1 Bund Petersilie
2 rote Zwiebeln
3 Knoblauchzehen
1 TL Weinsteinbackpulver
1 TL Kreuzkümmel
1 TL Paprikapulver
abgeriebene Schale einer unbehandelten Zitrone
Pfeffer

Zum Ausbacken:
750 g Frittierfett wie Kokosfett, Butterschmalz, Erdnuss- oder Palmöl

- Die Kichererbsen über Nacht mit reichlich Wasser bedeckt einweichen.
- Am nächsten Tag das Wasser abgießen und die Kichererbsen mit frischem Wasser und Salz 45 Minuten weich kochen. Die Hülsenfrüchte gut abtropfen lassen und dann pürieren.
- Koriander und Petersilie waschen und hacken. Zwiebeln und Knoblauch schälen und in feine Würfel schneiden.
- Alle angegebenen Zutaten mit dem Kicherbsenpüree mischen, aus dem Teig etwa 20 kleine Kugeln formen und in Frittierfett etwa 5 Minuten ausbacken.
- Dazu passt ein Joghurt-Dip mit Kräutern und ein knackiger Salat.

 Kichererbsen aus dem Glas oder der Dose sind längst nicht so aromatisch wie die Trockenware. Wenn es mal schnell gehen muss, kann man sich aber mit diesen Produkten die Zeit für das Einweichen ersparen.

Mangoldquiche

Zutaten für eine Tarte- oder Springform, Durchmesser 26 Zentimeter

Für den Teig:
100 g Maisstärke
100 g Kartoffelstärke
50 g Maismehl
1 TL Salz
1 Ei
125 g Butter

Für den Belag:
200 g Ziegenkäse
1 frische Chilischote
2 Zwiebeln
Olivenöl
1 Knoblauchzehe
250 g Mangold (ersatzweise Spinat)

Für den Guss:
400 g Schmand oder saure Sahne
2 EL Maisstärke
Cayennepfeffer
1 TL Salz
frisch geriebene Muskatnuss
gegebenenfalls 3 – 4 EL Weißwein oder Balsamico-Essig
2 Eigelb

Für die Form:
Butter
gemahlene Nüsse oder Maisstärke

Zum Blindbacken:
getrocknete Erbsen oder Bohnen

- Maisstärke, Kartoffel- und Maismehl, Salz, das Ei und die Butter in Flöckchen in eine Rührschüssel geben und alles zu einem glatten Mürbeteig verkneten. Luftdicht abdecken (beispielsweise in Frischhaltefolie wickeln) und etwa 30 Minuten kalt stellen.

- Mürbeteig ausrollen und eine gefettete und mit gemahlenen Nüssen oder Maisstärke bestäubte Tarte- oder Springform damit auslegen, den Rand leicht andrücken. Die Form etwa 15 Minuten in den Kühlschrank stellen.

- Backofen auf 175 °C (Umluft) vorheizen. Backpapier auf den gekühlten Teig legen, Hülsenfrüchte darauf verteilen. Im vorgeheizten Ofen etwa 15 Minuten backen.

- Das Backpapier mit den Hülsenfrüchten entfernen. Teigboden anschließend etwa 5 Minuten bei gleicher Temperatur weiterbacken. Auskühlen lassen.

- Den Ziegenkäse in Würfel schneiden. Chilischote mit der Gabel einige Male anstechen.

- In einer Pfanne die Zwiebeln in Olivenöl mit ungeschälter Knoblauchzehe und perforierter Chilischote bei mittlerer Hitze andünsten, keinesfalls bräunen. Wenn die Zwiebeln glasig sind, Knoblauchzehe und Chilischote herausnehmen, Zwiebeln aus der Pfanne heben und auf einem Teller warm stellen (abdecken).

- Geputzten Mangold in einer tiefen Pfanne bei voller Hitze unter Rühren eine Minute schmoren, bis sich sein Volumen mindestens halbiert hat. Dann die gedünsteten Zwiebeln und den Ziegenkäse mit dem Mangold mischen und die Pfanne vom Herd nehmen.

- Schmand, Stärke, Gewürze, Weißwein oder Balsamico-Essig und Eigelb verrühren. Die vorgebackene Quiche mit der Mangold-Mischung belegen und mit Schmandguss begießen.

- Backofen auf 175 °C (Umluft) vorheizen. Tarte weitere 30 Minuten backen.

- Fertige Quiche aus der Form nehmen und auf einem Kuchengitter auskühlen lassen.

Hirseauflauf

Zutaten für eine große Auflaufform, Inhalt mindestens 2 Liter

1 Zwiebel
1 EL Olivenöl
100 g Hirse
1 Lorbeerblatt
250 ml Gemüsebrühe
1 Bund Petersilie
1 EL Maisstärke
1 Ei
5 EL Milch
frisch geriebene Muskatnuss
Cayennepfeffer
450 g blanchiertes Gemüse (beispielsweise Brokkoli, Zuckerschoten, Zucchini,
Paprika, Erbsen, Möhren, Mais, Porree)
100 g Emmentaler

Für die Form:
Olivenöl

- Die Zwiebel fein hacken und bei milder Hitze in Olivenöl glasig dünsten. Die Hirse und das Lorbeerblatt dazugeben und 2 Minuten mitdünsten. Gemüsebrühe dazugeben und Hirse 20 Minuten garen.
- In der Zwischenzeit die Petersilie hacken und eine Auflaufform ölen.
- Die Maisstärke mit dem Ei und der Milch verquirlen und kräftig mit Muskatnuss und Cayennepfeffer abschmecken.
- Den Backofen auf 160 °C (Umluft) vorheizen.
- Die gegarte Hirse mit dem Gemüse und der gehackten Petersilie mischen.
- Die Hirsemasse in die Auflaufform geben und mit der Eiermilch übergießen.
- Den Emmentaler darüberstreuen und den Auflauf etwa 15 Minuten überbacken.

Amarant-Bratlinge
Zutaten für sechs Bratlinge

1 Zwiebel
1 EL Olivenöl
150 g Amarant
1 Lorbeerblatt
500 ml Gemüsebrühe
1 Bund gehackter Schnittlauch
1 Bund gehackte Petersilie
1 Ei
Salz
Pfeffer
Olivenöl

- Die Zwiebel fein hacken und bei milder Hitze in Olivenöl glasig dünsten. Den Amarant und das Lorbeerblatt dazugeben und 2 Minuten mitdünsten.
- Dann mit kochender Gemüsebrühe aufgießen und 40 Minuten garen.
- Den fertigen Amarant abkühlen lassen und mit den gehackten Kräutern und dem Ei vermischen.
- Amarantmasse mit Salz und Pfeffer abschmecken, zu sechs Bratlingen formen und in heißem Olivenöl von beiden Seiten 5 bis 8 Minuten braten.

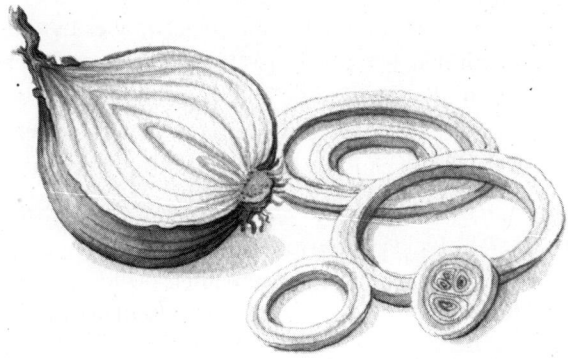

Pickert
Zutaten für vier Personen als Hauptgericht

Für den Teig:
1 kg festkochende Kartoffeln
2 Eier
2 TL Salz
120 g Maisstärke
120 g Kartoffelstärke
120 g Reismehl
80 g Maismehl
5 g Guarkernmehl
1 EL Zucker
2 Päckchen Trockenbackhefe

Zum Braten:
Maiskeimöl oder ein anderes geschmacksneutrales Öl, das sich hoch erhitzen lässt

- Die Kartoffeln schälen, fein raspeln und in einem Sieb abtropfen lassen.
- Die Eier und das Salz in den Backautomaten geben. Die Kartoffelraspeln darauf schichten, dann die Mehle einwiegen. Zum Schluss Zucker und Hefe darüberstreuen. Den Backautomaten auf »Teigzubereitung« programmieren und den Kartoffelteig vom Backautomaten mischen und kneten lassen.
- Wer den Hefeteig von Hand mischen und kneten möchte, richtet sich nach der Anweisung auf Seite 44.
- In einer beschichteten Pfanne etwa vier Esslöffel Öl erhitzen.
- Dann den Teig portionsweise in die Pfanne geben und so verteilen, dass der Boden der Pfanne knapp einen Zentimeter dick mit Teig bedeckt ist.
- Den Pickert backen, bis er von unten dunkel-goldbraun ist, dann wenden und die andere Seite ebenfalls backen, bis sie knusprig ist.

 Pickert wird traditionell mit grober Leberwurst serviert. Sehr lecker sind jedoch auch Apfelmus oder mit Zwiebeln und Kräutern angemachter Frischkäse dazu.

Die Autorin

Simone Stefka ist selbst an Zöliakie erkrankt und weiß aufgrund vielfältigen Engagements über die alltäglichen Probleme und Wünsche von Betroffenen Bescheid. Weil sie trotz ihrer Erkrankung nicht auf schmackhaftes Brot und Kuchen verzichten will, kombinierte sie in der eigenen Küche glutenfreie Mehlalternativen, bis das Ergebnis dem Original hinsichtlich Konsistenz und Geschmack bestmöglich entsprach.

Adressen

Nützliche Adressen

Deutsche Zöliakie-Gesellschaft e. V. (DZG)
Kupferstraße 36
70565 Stuttgart
Tel: 0711 / 4599810
Internet: www.dzg-online.de
E-Mail: info@dzg-online.de

Österreichische Arbeitsgemeinschaft Zöliakie (ÖAZ)
Anton-Baumgartner-Straße 44/C5/2302
1230 Wien
Internet: www.zoeliakie.or.at
E-Mail: oesterreich@zoeliakie.or.at

IG Zöliakie der Deutschen Schweiz
Birmannsgasse 20
4055 Basel
Internet: www.zoeliakie.ch
E-Mail: sekretariat@zoeliakie.ch

Bezugsquellen für Masa Harina

Mex-Al El Sombrero Import - Export GmbH
Feldchen 12
52070 Aachen
Internet: www.mex-al.de

mercado mexicano e. K.
Klosterstraße 27 b
97084 Würzburg-Heidingsfeld
www.mercadomexicano.de

Rezeptindex

Natürlich glutenfrei

Glutenfreies Backen und Kochen ist ein Muss für alle, die an Zöliakie oder Sprue leiden. Denn die einzig wirksame Behandlungsmöglichkeit ist das strikte Meiden von Lebensmitteln aus glutenhaltigen Getreidearten wie Weizen oder Roggen und allen Speisen und Getränken, die das Getreideeiweiß in versteckter Form enthalten.

Der praktische Ratgeber informiert über Ursachen und Diagnosemethoden, hilft bei der Umstellung von Einkaufslisten und Essgewohnheiten und liefert wertvolle Adressen und Tipps zu vielen Alltagsproblemen.

Im großen Rezeptteil werden vollwertige, glutenfreie Brote und Brötchen, Kuchen und Torten sowie köstliche Hauptgerichte aus Hirse, Amarant oder Buchweizen und viele andere erprobte Rezepte für Frühstück, Mittag- oder Abendessen vorgestellt.

Dr. Bettina Pabel: **Natürlich glutenfrei**
Alltagsratgeber bei Zöliakie
Mit Rezepten von Marlis Weber
Hardcover, 180 Seiten
ISBN: 978-3-89566-204-1

Beate Schmitt:
Ohne Milch und ohne Ei
ISBN: 978-3-89566-179-2

Roswitha Stracke:
Nickelallergie
ISBN: 978-3-89566-228-7

Heike Kügler-Anger:
Milchfrei und schnell gekocht
ISBN: 978-3-89566-232-4

Nadja Schäfers:
**Histaminarm kochen –
vegetarisch**
ISBN: 978-3-89566-263-8

Vegan genießen

Alexander Nabben:
Tofu vegan
ISBN: 978-3-89566-283-6

Heike Kügler-Anger:
**Frisch aufgegabelt –
Nudeln vegan**
ISBN: 978-3-89566-281-2

Abla Maalouf-Tamer:
Vegane Köstlichkeiten – libanesisch
ISBN: 978-3-89566-284-3

Angelika Eckstein:
Vegan backen
ISBN: 978-3-89566-239-3

Gesamtverzeichnis bei:
pala-verlag, Rheinstraße 35, 64283 Darmstadt, www.pala-verlag.de

ISBN: 978-3-89566-226-3
3. Auflage 2012
© 2006: pala-verlag,
Rheinstr. 35, 64283 Darmstadt
www.pala-verlag.de

Alle Rechte vorbehalten
Umschlag- und Innenillustrationen: Karin Bauer
www.karin-bauer.com

Lektorat: Angelika Eckstein

Satz und Gestaltung: Verlag Die Werkstatt Göttingen
www.werkstatt-verlag.de

Druck: fgb • freiburger graphische betriebe
www.fgb.de
Printed in Germany

Dieses Buch ist auf Papier aus
100 % Recyclingmaterial gedruckt
und klimaneutral produziert.